*Torre das Guerreiras
e outras memórias*

Torre das Guerreiras e outras memórias

Ana Maria Ramos Estevão

Copyright © 2021 por Editora 106

Esta publicação foi realizada com o apoio da Fundação Rosa Luxemburgo e fundos do Ministério Federal para a Cooperação Econômica e de Desenvolvimento da Alemanha (BMZ)

Dados Internacionais de Catalogação na Publicação (CIP)
Angélica Ilacqua CRB-8/7057

E84t   Estêvão, Ana Maria Ramos
      Torre das guerreiras e outras memórias / Ana Maria Ramos Estêvão. -- São Paulo : Editora 106 ; Fundação Rosa Luxemburgo, 2021.
192 p.

ISBN 978-65-88342-05-3
ISBN versão ebook 978-65-88342-06-0

1. Estêvão, Ana Maria Ramos – Biografia 2. Brasil - História - 1964-1985 3. Tortura I. Título II. Fundação Rosa Luxemburgo

21-4671

CDD 920.9
CDU 929-055.2

Índice para catálogo sistemático:
1. Estêvão, Ana Maria Ramos - Biografia

Publicado com a devida autorização e com todos os direitos reservados por

EDITORA 106
Rua Wanderley, 700, Perdizes
CEP 05011-001, São Paulo (SP)
contato@editora106.com.br
www.editora106.com.br

Para Isabel, minha neta, com amor.

"Tantas veces me mataron
Tantas veces me morí
Sin embargo estoy aquí
Resucitando

Gracias doy a la desgracia
Y a la mano con puñal
Porque me mató tan mal
Y seguí cantando

Cantando al sol como la cigarra
Después de un año bajo la tierra
Igual que sobreviviente
Que vuelve de la guerra

Tantas veces me borraron
Tantas desaparecí
A mi propio entierro fui
Sola y llorando

Hice un nudo en el pañuelo
Pero me olvidé después
Que no era la única vez
Y seguí cantando

Cantando al sol como la cigarra...
Tantas veces te mataron
Tantas resucitarás
Tantas noches passarás
Desesperando

A la hora del naufragio
Y la de la oscuridad
Alguien te rescatará
Para ir cantando

Cantando al sol como la cigarra
Después de un año bajo la tierra
Igual que sobreviviente
Que vuelve de la guerra."

"Como la cigarra"
María Elena Walsh

*"É mais difícil honrar a memória
dos anônimos do que
a dos renomados."*

Walter Benjamin

Sumário

13 Agradecimentos

15 Prefácio

19 Era uma vez, num reino não tão distante

23 De qual matéria são feitas as memórias?

29 Prólogo

33 A queda

59 O Presídio Tiradentes

67 Quase tudo que veio antes do Presídio Tiradentes

95 Na Torre das Guerreiras do Presídio Tiradentes

119 Histórias de outras celas

127 Entreato

131 Segunda prisão

137 Terceira (e última) prisão

145 Sem fala no exílio

159 Avaliações

165 Reencontro

169 Dores congeladas

173 Fim, só que não

177 Eu, aqui e agora

181 Posfácio

185 Apêndice

Agradecimentos

Escrever este livro, mesmo sendo de memórias pessoais, foi um trabalho coletivo. Muitas pessoas contribuíram diretamente ou simplesmente fizeram parte da minha vida enquanto vivia o que aqui relato, como é o caso do José Carlos Estevão.

Agradeço sobretudo às pessoas que me conhecem porque estão presentes na minha vida há mais de 50 anos e, apesar de me conhecerem muito bem, continuam meus amigos até hoje: Marlene Daigele, Marlene Campante, Idinaura Marques Tauro, Joel Padula. Amigos para sempre!

Ao Cecil e ao Edmilson, meus irmãos, companheiros e solidários.

Também agradeço aos que conheço há pouco tempo, mas já estão presentes na minha vida: Gabriel Francisco e Rondon de Castro, por me impedirem de desistir, grata pela insistência militante; André Ferrari, que me trouxe de presente a Fundação Rosa Luxemburgo; e Torge Loeding, diretor do escritório regional para Brasil e Cone Sul da Fundação.

A Cláudio Ribeiro, que me apresentou duas jovens e lindas mulheres: Mariana Monteiro Scabello e Lígia Daniela Ferreira, generosas e solidárias.

A Fernanda Zacharewicz, editora, primeira a dizer: "Eu publico!"

Aos que já se foram, Samuel Medeiros e Maria Beatriz Castro Nunes, a Tixe.

A todas as mulheres guerreiras, especialmente Eliana Rolemberg, Maria Aparecida Costa e Tânia Rodrigues Mendes, cujas sugestões muito acrescentaram a este texto.

A Ivan, meu filho, que, de mãos dadas comigo e durante vários anos, me incentivou a escrever. Obrigada.

A Julia, que acompanhou as várias fases desta escrita, sofrendo e chorando ao ler os manuscritos. Obrigada, filha!

A Clarissa Metzger, que muito me ajudou com seus escritos sobre sublimação.

A meu psicanalista, Hernan Siculer, que me ensinou o que são dores congeladas.

Gratidão!

Prefácio

Um passeio pela memória de Ana Maria

Ainda que tenha como tema um período histórico sofrido, de exílios, violência, torturas e perdas humanas, o livro de Ana Maria Ramos Estevão, uma de minhas parceiras de resistência enquanto vivemos intermináveis meses encarceradas no Presídio Tiradentes, em São Paulo, entristece-nos pelas denúncias que voltam à tona, mas não nos deprime. Pelo contrário, em muitos de seus melhores momentos, consegue ser lírico, de um lirismo improvável, mas que tem o aroma agradável de um relato cheio de sinceridade.

Comove pela honestidade e pela capacidade que a autora tem de, mesmo em meio ao ódio e à brutalidade das torturas com que nós, presos políticos, fomos tratados, encontrar, onde preponderava o sofrimento, pequenas alegrias e motivos para acreditar na humanidade quando a rotina era a banalidade do mal.

Neste livro não há rancor e ressentimento, apenas o desejo de que aquelas tragédias — não apenas a tragédia do país, mas os dramas pessoais a que Ana Maria assistiu e viveu — não sejam esquecidas pelas atuais gerações. Que sejam lembradas sempre para que não se repitam. Como ela mesma afirma, "sinto-me no dever moral de registrar estas memórias, antes que o tempo as apague e não reste nada mais que a lembrança difusa da dor que esta escrita pretende, senão extinguir, ao menos, acalmar".

Nós, que dividimos a Torre das Donzelas, ou "das Guerreiras", como Ana Maria decidiu renomear, só temos a agradecer por ela ter adotado a missão de preservar as

❚ Torre das guerreiras e outras memórias

suas memórias. Parte delas é também nossa. As lembranças deste livro ressaltam e valorizam, em meio à crueldade de uma ditadura que brutalizava suas vítimas, pequenos e grandes gestos de solidariedade e amizade entre militantes muito jovens — tínhamos, a maioria, entre 20 e 25 anos —, todas dispostas a sonhar com outro país e com coragem de lutar por ele.

Com justiça, este livro aponta o dedo acusador também para os que, mesmo sendo civis, participaram alegremente das sessões de sevícias, oferecendo apoio aos torturadores fardados, e que "riam cinicamente enquanto as pessoas sofriam e gritavam. Esse não era o trabalho deles: eram fascistas voluntários".

Mas também conta histórias de rara beleza, de que só a grandeza humana é capaz. "Nunca abrimos mão do riso, da alegria e da civilidade como estratégia de sobrevivência, haja vista que, para garantir o moral elevado, o humor era fundamental. Cantar também era nosso costume. Cantávamos o tempo todo: por tristeza, para avisar das novidades, quando alguém chegava, quando alguém saía. As cantorias estavam sempre presentes."

Canções que podiam ser declarações de amor, como a de Tânia, que cantava perto da pequena janela para ser ouvida por seu companheiro Gabriel, que, com câncer, estava preso no mesmo local, em cela distante. Todas fazíamos silêncio para que Tânia fosse ouvida pelo marido e, quando, um dia, Ana Maria perguntou por que cantava todas as noites, ela respondeu: "Assim ele me ouve e sabe que estou bem."

Apesar de pertencer à Igreja Metodista desde menina, onde iniciou sua militância política, Ana Maria, como todas nós, também passou por momentos em que se rendeu ao desabafo do desespero, como quando diz que "na tortura

Prefácio ▮

não existe sujeito, ele foi anulado, [...] foi rebaixado ao estado de 'coisa'. [...] Deus não existe na tortura, ficamos sós, completamente sós".

Depois de ter sido barbaramente torturada na Oban e ter passado nove meses na Torre das Guerreiras, a autora deste livro foi presa de novo e ainda sofreu o exílio, durante o qual, pelo menos, teve a alegria de conhecer um ídolo, Paulo Freire, a quem brindou com um jantar tipicamente nordestino.

A brava Ana Maria soube enfrentar o pior, e felizmente está aqui para nos contar, já que muitas não tiveram a mesma chance. Ela explica que "o fio condutor destas memórias é a vida de quem sobreviveu e de quem precisou aprender a mentir para defender a sua vida e a de seus companheiros, mesmo porque, em algumas situações, as pequenas verdades podem ser perigosas". Sua razão de viver e sua gana de sobreviver ela justifica numa frase que é a perfeita tradução deste livro: "A luta e a esperança, sempre! Viver é muito perigoso, mas é muito bom!"

Ana Maria não apenas ainda vive como se mantém íntegra, hoje professora na Unifesp e ativista no Sindicato Nacional dos Docentes das Instituições de Ensino Superior (Andes). Quem passou pela Torre das Guerreiras foi marcada pelas dores da vida e, claro, pelas imposições do tempo, mas permanecem entre nós o respeito mútuo e o compromisso com a democracia e com a luta por um país melhor.

Boa leitura a todos!

Dilma Rousseff

*Era uma vez,
num reino não tão distante...*

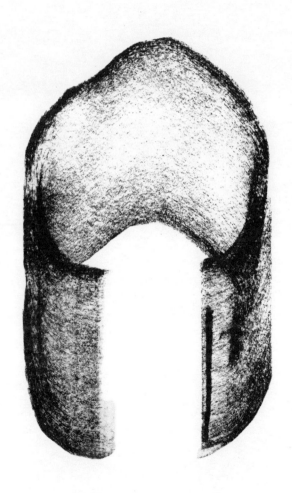

Você se lembra das histórias das princesas que ficam presas nas torres?

Eu fiquei presa numa torre, eu e outras mulheres. Justo quando acabávamos de sair da adolescência e deixávamos de acreditar em histórias de princesas em torres, fomos presas em uma.

Mas aquela não era a torre de um castelo de mentirinha; era a torre de um presídio real. Um presídio que existia logo ali, na Avenida Tiradentes, no centro de São Paulo. Estive presa lá durante longos e intensos nove meses. Nove meses! O tempo de uma gestação inteira. Nove meses que mudaram os rumos da minha vida.

A torre foi demolida, mas não desapareceu com o simples desempilhamento de pedras. Ainda hoje, muitos anos depois, a torre que ninguém habita continua habitando em mim.

De qual matéria são feitas as memórias?

24

Pensar a memória como um espaço me permite mapeá-la como território vivido. Permite também registrá-la de maneira que pareça algo decifrável por ser conhecido e, assim, possa permanecer na memória de pessoas que, por não lhes ser permitido ter as mesmas memórias, não têm conhecimento das mesmas coisas. O registro da memória ainda é um terreno em disputa, não delimitado, que deve ser escrito, e não é à toa que ainda há segmentos do Estado que se opõem à abertura dos documentos da ditadura civil-militar brasileira. Por isso, sinto-me no dever moral de registrar estas memórias antes que o tempo as apague e não reste nada mais que a lembrança difusa da dor que esta escrita pretende, senão extinguir, ao menos, acalmar.

Memórias gravadas no tempo do cotidiano há muitos anos, mas que, no tempo histórico, não são nada, apenas 49 anos, tempo que, no meu inconsciente, mistura o vivido e o sonhado, o cotidiano e a história, transita entre o passado e o presente. A minha memória é uma pequenina cápsula do tempo ressoando. O que será que diferencia o agora do ontem? O sonho da realidade? O acordar? A finitude? Se eu pudesse, de maneira simples, separar os homens dos deuses, diria que a primeira diferença entre eles — de acordo com os gregos — é que os deuses não sonham, pois, sendo imortais, não precisam sonhar. Para eles, a vida é um eterno cotidiano. Os deuses não têm história. Os homens, ao contrário, por serem mortais, têm a possibilidade de fazer história. Não só de fazê-la, mas de sonhá-la.

Todos aqueles que, de alguma maneira, participaram dos eventos históricos da década de 1960, seja no movimento estudantil, seja nas lutas operárias, seja na revisão de suas posturas político-ideológicas, seja em qualquer militância levada pela paixão de mudar, tinham como ponto de referência um tipo de sociedade a ser construída em um futuro próximo.

Essa perspectiva transformou radicalmente o cotidiano de tais pessoas. Aquilo que então, no imaginário de maio de 1968, quase foi presente, quase pudemos tocar com as mãos e nos escapou, ainda se constituiria numa proposta para o futuro.

As "barricadas do desejo" e o nosso desejo de barricadas trouxeram de volta, também, a necessidade da felicidade, da vida sensata e da ética.

Trata-se aqui da história de pessoas comuns que tiveram a capacidade de desejar, acima de tudo, uma sociedade melhor e mais justa para si e para seus filhos e netos. Por isso, foram fazer a guerrilha rural e urbana, objetivando tornar possível uma revolução que libertasse o país do jugo do imperialismo ianque e do capitalismo, que construísse uma sociedade igualitária e socialmente justa. Esses guerrilheiros anônimos não foram heróis ou heroínas, apenas desejaram e sonharam sair do cotidiano, fazendo história e mudando o próprio cotidiano, tornando-o mais leve e mais prazeroso para todos.

Tenho orgulho de ter participado desse momento, por isso estou contando para a minha neta, para a geração dela e todos aqueles que ainda virão, tudo que aconteceu, as coisas boas e as más.

Este livro que agora vem a público tinha inicialmente o título *Torre das Donzelas e outras memórias*.

Levei muitos anos tentando elaborar estas memórias, pois a dor que emergia a cada vez que me sentava para escrever algumas passagens me emudecia. Eu ficava muda, muda de escrita. Como escrever sobre essa vivência tão dilaceradora?

De qual matéria são feitas as memórias? ▮

Um dia, conversando com as companheiras que estiveram comigo lá na Torre, surgiu a pergunta: "Por que *Torre das Donzelas*? De onde veio esse nome? Quem é que deu?" Ah, sim, o nome *Torre das Donzelas* havia sido dado pelos presos políticos da ala masculina, com os quais tínhamos lutado lado a lado. Será que eles nos viam, ainda que idealizadamente, como frágeis donzelas à espera do cavaleiro que, montado num estupendo cavalo branco, nos salvaria de todo o sofrimento? Nossa salvação dependia disso, então? Que coisa mais machista!

As mulheres que chegaram até a Torre estavam lutando. Umas estavam engajadas na luta armada, outras não, mas todas estavam enfrentando a ditadura civil-militar, as injustiças cometidas contra a população brasileira, especialmente sua parcela mais pobre e com menos perspectivas.

Estávamos tentando salvar a nós mesmas e aos outros, estávamos tentando salvar todo um futuro. O preço que pagamos foi alto. Cada uma que lá esteve pagou caro por sua luta. Fomos torturadas, muitas morreram. Algumas ficaram presas durante anos, outras foram exiladas, separadas de seus pais, de seus amores, de seus filhos.

Não, lembro bem que a torre que nos abrigou não continha mulheres indefesas, sentadinhas à espera do príncipe encantado que as salvaria. Éramos todas mulheres de fibra, aguerridas. Portanto, nego-me a nomear este livro de memórias que correm ainda quentes em minhas veias com outra palavra que não aquela que designe o que vi em cada uma de minhas companheiras, e por isso o intitulo *Torre das Guerreiras*.

PRÓLOGO

30

Estou na casa do Rubens e da Eva, meus amigos de longa data. Ele é ginecologista, trouxe ao mundo meus dois filhos. Ela é pediatra neonatal. Duas pessoas que se dedicam a estar atentas aos primeiros momentos do sujeito no mundo, a esse precioso iniciozinho de vida.

São mais que amigos de longa data, são parceiros de luta. Foram meus companheiros no Presídio Tiradentes, ambos processados como militantes da Vanguarda Popular Revolucionária (VPR). Isso tinha acontecido havia mais de 40 anos.

Hoje estamos jantando. Estamos em volta da mesa, a conversa flui tranquilamente. "Que noite agradável!", eu penso. Tudo está bom: boa companhia, bons vinhos e o cardápio... o cardápio está sensacional. Delicio-me com um assado que é servido como último prato. Que carne é esta? Estranho, é porco? Não... será? Rubens e Eva são judeus, não deve ser porco.

Dando-me por vencida nas minhas elucubrações gastronômicas, peço:

— Vocês podem me dar a receita desta maravilha de carne?

O casal troca olhares cúmplices e ri. Insisto:

— Ah, vai... me digam o que tem de tão especial nesta carne.

— Você não percebeu, Urubu, que essa carne é tão boa porque é humana?

— Vocês estão brincando! Não pode ser! Por favor, não façam isso!

Com ironia, eles continuam:

— Pelo jeito, só você não sabia que a gente gosta desse tipo de carne.

Acordo com o estômago embrulhado, gritando:

— Por que fizeram isso comigo? Vocês são os amigos que eu gosto tanto!

Levei o sonho para a análise. Dizer que contei o sonho seria tirar a intensidade do que foi aquela sessão. Eu o revivi, e, ao revivê-lo, a sensação de náusea retornou. Havia muito trabalho a fazer sobre esse conteúdo, voltas e mais voltas foram dadas. Depois de incontáveis associações, chego à conclusão de que a coisa mais difícil para mim, o que me causava tamanha repulsa, era aceitar que meus companheiros, esses que eu amava tanto e aos quais tinha sido tão leal, haviam sido capazes de matar outras pessoas. Mas não só: eu tinha responsabilidade nisso.

A queda

34

Era domingo, 11 de julho de 1970, e o céu tinha poucas nuvens. Era possível afirmar que o tempo estava bom. O sol de inverno brilhava e me aquecia. Devia estar uns 20 graus. Já havia passado um pouquinho da hora do almoço, algo como duas da tarde. Sabe aquelas tardes de domingo que anunciam preguiçosamente a segunda-feira? Eu estava indo para casa.

Havia um clima de festa, a alegria estava no ar — o Brasil tinha acabado de se tornar tricampeão mundial de futebol, tinha ganhado a Copa do México. Mas eu estava um pouco aflita, ficara esperando o Guilherme no nosso ponto de encontro e ele não tinha aparecido. O que será que havia acontecido? Será que ele estava bem? Esperei quanto pude. Esperar mais do que o tempo combinado não era seguro. Sabíamos que tínhamos que sair do local e voltar para casa se o outro companheiro não aparecesse.

Era exatamente isso o que eu estava fazendo, estava voltando para casa. Era uma estudante a caminho de casa. Junto com mais duas amigas, eu morava numa república no número 701 da Avenida Liberdade. Ficava bem ao lado da Imprensa Metodista e da Igreja Metodista Central de São Paulo, na mesma avenida.

Haveria um ponto de referência na segunda-feira, às três da tarde. Para quem não sabe, ponto de referência era um ponto de encontro marcado para o caso de a gente se perder ou não poder comparecer por algum motivo. Marcavam-se dia, hora e local extras.

Quando cheguei ao prédio, achei tudo muito esquisito. Era um silêncio que retumbava, o que não era fácil de acontecer em um edifício de mais de quinze andares, com muitas quitinetes de poucos metros quadrados. Nenhum movimento, ninguém entrando ou saindo. Até o porteiro tinha sumido. Continuei meu caminho, não pensei que esse silêncio pudesse indicar o pior. Apanhei o elevador e subi os dezesseis andares que me separavam do futuro que nunca havia imaginado.

Coloquei a chave na fechadura da porta e a abri. A casa estava cheia de gente, e eu fui logo perguntando:

— Nossa, quanta gente! Tem festa?

Baixei os olhos e vi que a pessoa que havia aberto a porta segurava uma metralhadora. Gelei. Dois outros agentes da Operação Bandeirante (Oban) também apontavam o revólver para mim.

Eram, sim, agentes policiais da Oban, o maior centro de tortura e assassinatos da ditadura. Criada em 1969 e patrocinada por empresários, transformou-se depois no Destacamento de Operações de Informação — Centro de Operações de Defesa Interna (DOI-Codi).

Num canto estava Rafael de Falco Neto, o último presidente eleito da União Estadual dos Estudantes (UEE) de São Paulo, ao lado de Idinaura Aparecida Marques, sua companheira, ainda vestida com uma camisola preta transparente, ambos com a cabeça baixa, os olhos fixos no chão. Estavam ali também o José, presidente do Centro Acadêmico da Escola de Sociologia e Política, e Belém, minha colega de Faculdade Paulista de Serviço Social. Tinham decidido me fazer uma visita. O que eles vieram fazer aqui? Nunca tinham vindo à minha casa! Por que justo hoje?

Depois de uns instantes, consegui olhar tudo com mais atenção. Os milicos pegavam e liam todo e qualquer papel que encontravam. A Tita estava lá, na nossa varandinha, que também era área de serviço. Ela era do interior de São Paulo, de Lorena, e dividia o apartamento conosco. A Tita tremia, estava branca como cal.

A queda

Ninguém disse nada. Silêncio e adrenalina. Medo, muito medo. O sol que havia pouco aquecera a minha pele e continuava brilhando lá fora não conseguia atravessar a nuvem de medo que pairava pesadamente naqueles poucos metros quadrados. Eu sentia frio, muito frio.

O silêncio foi interrompido pelo urro do cara com a metralhadora. Ele mandou Idinaura se trocar no banheiro e avisou, em tom ameaçador, que não trancasse a porta nem pensasse em fazer besteiras. Ela tinha que vestir outra coisa que não a sua camisola preta transparente. Os jornais do dia seguinte enfatizaram a camisola de Idinaura, como se isso fosse o mais importante, chamando-a de "terrorista sexy". Ela conseguiu pegar alguma roupa, obedeceu à ordem e se trocou. Logo depois o sujeito apontou para a porta e mandou todo mundo para fora. Saímos sob a mira da metralhadora. No corredor, alguém já tinha chamado os dois elevadores que nos esperavam. Qual seria o nosso destino?

O milico que parecia estar no comando, um loiro de olhos azuis chamado capitão Maurício, hoje considerado um respeitável avozinho na Baixada Santista, apontou para o outro e disse:

— Você fica aqui de campana. Quem chegar vai pro mesmo lugar que eles.

Como presidente do Centro Acadêmico da Faculdade Paulista de Serviço Social, eu era muito conhecida, e nossa república, muito frequentada. As mais de quinze pessoas, amigos ou parentes, que foram nos visitar naquela semana foram parar na Oban sem qualquer razão, apenas porque eram meus amigos. A campana era isso, a repressão deixava alguém esperando na sua casa e levava preso todo mundo que aparecia por lá, não importava quem fosse. Todo amigo, conhecido, colega, familiar era terrorista ou culpado de alguma maneira.

Recém-chegada ao Brasil e tendo eu acabado de conhecê-la, uma missionária americana da Igreja Presbiteriana também resolveu me visitar naqueles dias. Ela trabalhava na Imprensa Metodista, no prédio ao lado do meu, e igualmente foi levada para a Oban. Lá, disse que julgava estar sendo sequestrada por terroristas brasileiros, por ser americana. Ficou apenas algumas horas, até eu confirmar a história dela, o que não foi difícil. Saiu de lá com um pedido de desculpas, apavorada, passou a acreditar que, de fato, havia uma ditadura no Brasil. Ela, que era republicana nos Estados Unidos, virou militante dos direitos humanos.

As pessoas que se encontravam no apartamento, tanto moradores quanto visitas, foram colocadas em duas Veraneios. Não fomos algemadas. Nunca fui algemada. Por quê, não sei, pois era comum que os presos políticos fossem algemados sempre que saíam da unidade em que se encontravam encarcerados, o que foi um erro da repressão.

Atravessamos a Avenida Liberdade — que ironia! —, entramos no carro, Idinaura e eu, e aguardamos a chegada da segunda leva. De repente, ouvi um barulho que na hora me pareceu fogos de artifício, mas que, em seguida, descobri serem tiros. Nem deu tempo de sentir medo. O que descobri alguns minutos depois, com o coração aos gritos, foi que, num minuto de distração da equipe da Oban, Rafael tentou fugir, correndo pela Avenida Liberdade e gritando "pega ladrão". Atingido por um dos tiros, ele foi trazido algum tempo depois, sangrando, e jogado no banco de trás, em cima de mim e da minha amiga. Olhei para Rafael. Ele estava pálido, branco como cal, e de sua testa escorriam gotas de um suor que me parecia

A queda ∎

gelado, pois ele tremia muito, como se estivesse com muito frio. Segundo os policiais, ele tinha de ficar em cima de nós para não sujar de sangue o estofamento da Veraneio. Ainda hoje, quando recordo esse momento, sinto o cheiro do sangue e vejo as manchas na minha roupa e na roupa da minha amiga. Há imagens que ficam gravadas para sempre, essa foi uma delas.

De novo, não senti medo. Estava mergulhada numa escuridão gelada e pegajosa com aqueles homens à nossa volta, ouvindo suas risadas de escárnio. Às vezes me parecia que eles estavam brincando de nos aterrorizar, mas os ferimentos do Rafael eram reais.

Fomos vendados com um capuz preto, imundo, cheirando a barata e ratos — ainda não sabia que esse procedimento era comum —, através do qual conseguíamos ver muito pouco. Sinto um certo asco até hoje quando relembro esse capuz e o trapo que eles usavam para nos amordaçar durante as sessões de choque. Eu ouvia os gemidos de dor do Rafael e pensava: "Ele vai morrer de hemorragia, e eu não vou poder socorrê-lo." Ainda não sabia que a bala se alojara no osso do cotovelo.

Lembro-me bem de que esse não foi o único pensamento que me ocorreu. Esforcei-me para esvaziar a mente. Fixei-me no que diria: não sei de nada, não lembro de nada, não vou falar, estou na legalidade, trabalho em local fixo, estudo, sou presidente do Centro Acadêmico, faço bailes, passeios, conheci muita gente em festinhas do Centro Acadêmico Oswaldo Cruz (Caoc) e do Serviço Social. Repetia essas frases milhões de vezes durante o trajeto.

Recebemos ordem de não falar com ninguém durante o percurso, feito em alta velocidade e sob ameaça constante à nossa vida. Chegamos à 36ª Delegacia de Polícia, na

Torre das guerreiras e outras memórias

Rua Tutoia, sede da Oban — informação que obtive muito tempo depois.

Ao chegar, observei que havia em torno de trinta pessoas no local. Olhei e suspirei de alívio — como se isso fosse possível numa situação como aquela. Entre todas, eu só conhecia uma, a que nos entregou: Justo, membro do Grupo Tático Armado (GTA) da Ação Libertadora Nacional (ALN), ex-operário de uma grande empresa de Osasco que estava na clandestinidade e fora baleado. Ele já tinha sido atendido no Hospital São Camilo e mancava da perna. Segundo a repressão, ele havia se entregado e o tiro tinha sido disparado pelos próprios companheiros.

A princípio, julguei que a repressão tivesse inventado essa história para quebrar nosso moral e que Justo tivesse sido ferido no momento da prisão.

Muito tempo depois, lá pelos idos de 1975, estava na Estação da Luz, seguindo para Osasco, quando o reencontrei. Apesar do constrangimento inicial — ele não conseguia me olhar nos olhos —, conversamos sobre o que aconteceu. Ele me contou que, algumas semanas antes da nossa prisão, havia se encontrado com a família e ficou sabendo que seus filhos estavam passando fome. Ele pediu aos companheiros que o ajudassem com dinheiro para comprar mantimentos. Os companheiros deixaram claro que os recursos que vinham das ações eram para manter a organização e o apoio ao foco guerrilheiro no campo, e que o pedido revelava vacilação ideológica.

Logo depois, foi planejada uma ação de expropriação num banco da Lapa. Cumpre esclarecer que as organizações da esquerda armada não assaltavam, mas expropriavam, isto é, o dinheiro que se recolhia dessas ações não era usado individualmente, mas servia para bancar a luta, principalmente para montar a guerrilha na área

A queda ∎

rural, comprar remédios, manter as pessoas que estavam na clandestinidade por já terem seus nomes, endereços e dados pessoais conhecidos pela repressão.

Essa ação foi realizada num banco na Lapa por dois grupos da ALN que, por questão de segurança, não se conheciam. Ao fim da bem-sucedida ação, o primeiro grupo saía do banco quando viu dois homens armados parados na rua e atirou, pensando que eram policiais. Um recebeu um tiro no pulmão, foi socorrido quando entrou no carro. O Justo levou um tiro na perna, mas não se juntou ao grupo em retirada, pois estava atemorizado, julgando que os companheiros queriam justiçá-lo.

Seus temores faziam sentido: em março de 1971, Marcio Toledo, um companheiro que tinha muita responsabilidade dentro do GTA e que sabia muito sobre a organização, havia sumido por quinze dias. Quando reapareceu, retomou a militância sem dar qualquer explicação. Mas era evidente que ele não aguentava mais a pressão. Passou a ter comportamentos estranhos, ficava paralisado quando em momentos de ação. Logo começaram a desconfiar de sua postura, tentaram tirá-lo do país, mas ele não aceitou. Depois de várias tentativas para resolver o problema, foi julgado e executado pelos colegas também por questões de segurança. Quando, em 1975, encontrei Justo na Estação da Luz, já sabendo que seu nome era Wilson da Conceição Pinto, usou o argumento do assassinato do Marcio para explicar o que poderia ter acontecido com ele, caso não tivesse se entregado.

Cabe aqui uma manifestação sobre como esse fato repercutiu dentro da ALN. Prendo a respiração para não chorar, lembro-me do sonho de estar comendo carne humana, e minhas costas doem sob o peso dessa lembrança, mesmo eu não tendo feito parte do grupo armado. Tão logo

41

❚ Torre das guerreiras e outras memórias

souberam do ocorrido, os militantes da organização que não eram do GTA se posicionaram enfaticamente contra a atitude de julgar, condenar e executar o companheiro só porque ele queria sair ou parecia estar hesitando. Muitos ficaram com medo e começaram a questionar a permanência no grupo. Devíamos ter construído canais de retirada para quem não quisesse mais ficar, assim como se fez com companheiros que saíram do país. Não deveria ter sido difícil aceitar que algumas pessoas não tinham estrutura emocional para militar daquela maneira e que elas podiam mudar de ideia, simplesmente reconhecer suas limitações humanas ou mesmo precisar de tratamento para enfrentar o que viria pela frente. A pessoa tinha esse direito! De todas as culpas que carregamos, essa é a pior porque é coletiva, não tem perdão.

Na delegacia, sentamo-nos numa grande sala de espera, e logo ouvi alguém gritar: "Quem é Netinha?"

"Eles sabem meu apelido de família", pensei. "Quem será que está aqui da minha família? Que nenhum de vocês esteja aqui!", implorei a mim mesma. Se houvesse alguém da minha família preso — pai, mãe, irmão —, não sei como teria sido minha reação à tortura, confesso. Eu me identifiquei e fui empurrada em direção a uma escada, que subi aos tapas e tropeções. Lembro-me de sentir muito frio.

Olhando para esse momento com os olhos de hoje, vejo que é necessária uma reflexão fundamental para a compreensão do que vou relatar a seguir, reflexão que devo a meu psicanalista: na tortura não existe sujeito, ele foi anulado; portanto, não se pode responsabilizar alguém que falou sob tortura, pois não era um indivíduo que estava lá, mas um sujeito que foi rebaixado ao estado de coisa.

A responsabilidade pelas consequências da tortura, sejam quais forem, é do torturador. Esperar que os companheiros tenham uma postura heroica ou achar que eles não têm o direito de querer ficar vivos ou, no mínimo, desejar que a dor estanque é cruel e perverso, pois exime o torturador da culpa e transforma os companheiros que deram informações para a repressão em delatores, como se a eles tivesse sido dado o direito de escolher, como se já não bastasse o tormento de consciência que os aflige.

Não há anistia que faça as pessoas se perdoarem, assim como não há ninguém a quem recorrer. Deus não existe na tortura, ficamos sós, completamente sós. Solidão pior que a da morte, imagino. Analisar os fatos sob esse prisma aliviou muitas culpas minhas, transformou o autojulgamento em autocrítica e em reconhecimento das minhas limitações, além de redimir vários companheiros. É como estar de volta à espécie humana.

José, estudante da Escola de Sociologia e Política e presidente do Centro Acadêmico onde a turma do Serviço Social costumava fazer suas festas, criatura do bem, sorridente e muito afetuoso, e Belém, minha colega do curso de Serviço Social, que costumava sair com o meu grupo de colegas para bater papo e beber cerveja nas sextas-feiras depois da aula, foram liberados direto da Rua Tutoia algumas horas depois. A eles devo especial gratidão: encarregaram-se de telefonar para todos os que corriam algum risco e avisá-los do perigo, principalmente para Suzana, a colega de faculdade que me apresentou a Décio e a Justo ao mesmo tempo. Mas Suzana, mesmo sabendo que havíamos sido presos e que eu sabia o endereço dela, permaneceu na casa da família. Isso eu soube muitos anos depois.

Décio era o codinome de Hiroaki Torigoe, estudante de Medicina da Santa Casa de Misericórdia de São Paulo. Figura doce, tímida, frequentava os bailinhos do Caoc e sorria, perplexo, a cada vez que tocava uma música que

Torre das guerreiras e outras memórias

ele nunca tinha ouvido. Foi assassinado pela repressão em janeiro de 1972. Décio foi militante do GTA da ALN e depois do Movimento de Libertação Popular (Molipo). Sobre ele, eu sabia apenas que estava sempre com a Suzana, talvez fossem namorados, e com o Justo. Posteriormente, ele me contou que era operário de uma metalúrgica em Osasco.

Graças a José e a Belém, vários companheiros puderam se resguardar das consequências da nossa prisão. Mesmo correndo riscos, os dois agiram assim por razões puramente humanitárias, pois tinham com eles relações mais afetivas do que militantes.

Fui colocada na cadeira do dragão — uma cadeira sobre cujo assento fica uma placa de metal que serve para aumentar a intensidade dos choques que saem da maquininha ligada a ela. Sentávamos despidos nessa cadeira e éramos interrogados com a maquininha de choque sendo acionada. Durante muito tempo, não consigo precisar quanto — horas, minutos, dias, não há medidas de tempo para avaliar os hiatos entre a dor e o fim da dor, entre perder a condição de sujeito e recuperá-la, entre querer morrer e ser impedida de fazê-lo —, levei choques na orelha, nos dedos dos pés e nos genitais. Tinha sido amordaçada com um pano imundo para não gritar.

Quem me interrogou foi o mesmo capitão que se dizia chamar Gaeta. Várias vezes fui interrogada juntamente com Idinaura e Rafael, que não havia sido medicado após o tiro. Ele recebeu muitas pancadas no cotovelo onde a bala se alojara, ainda provocando sangramento, apesar do curativo muito malfeito. Ambos testemunharam as torturas que sofri, e eu testemunhei as torturas que eles sofreram. Sempre que um torturador se cansava, outro o substituía na maquininha de choque. Durante toda a noite, fomos interrogados dessa maneira. Em alguns

A queda ∎

momentos, os torturadores paravam para que eu pudesse ouvir os gritos que vinham das outras salas.

Confesso que o que mais me ofendeu foi ter levado uma tapa no rosto. Vários dias depois, acho que no domingo seguinte, quando a repressão percebeu que eu não era nenhuma comandante ou militante do GTA, um dos torturadores, o canalha machista do capitão Gaeta, aproximou-se da grade de nossa cela. Não pude me conter e xinguei-o. Ele se justificou dizendo que eu, por ser mulher, estava a ponto de ter um ataque histérico e que ele havia me batido no rosto para me acalmar. Que nojo! Foi nesse momento que decidi que, se algum dia, com uma arma na mão, eu me encontrasse frente a frente com esse ser ignóbil, mesmo não sabendo atirar... aprenderia imediatamente!

Na manhã do dia seguinte, houve troca de plantão às seis da manhã. Entrou a equipe do capitão Albernaz, que, tão logo chegou, despiu-me e me colocou no pau de arara.

Percebi que eles não tinham a exata dimensão do que eu podia informar, pois me perguntavam coisas que, segundo eles, os outros haviam falado sobre mim. Queriam saber se havia feito assaltos, quem eu reconhecia do álbum de fotografias dos "terroristas assassinos procurados", quem era Suzana, a colega de faculdade que havia me apresentado ao Justo, como o Rafael de Falco me conheceu e se tinha pontos marcados com o Carlos Eugênio Sarmento Coelho da Paz, o Clemente. Este, sim, fariam qualquer coisa para pegá-lo! Inclusive me colocar no pau de arara.

O pau de arara é uma trave de madeira que, apoiada sobre dois cavaletes, cadeiras ou mesas, comporta uma pessoa pendurada nela, amarrada pelos pés e pelas mãos. A pessoa torturada fica de cabeça para baixo, com a genitália exposta. As dores começam pelos pulsos, pelas pernas e

Torre das guerreiras e outras memórias

pelos calcanhares, que têm a circulação sanguínea cortada; depois vêm os choques elétricos e os banhos de água fria. A intensidade da dor aumenta, pois o corpo estremece.

Apesar da mudança de plantão, o interrogatório e os choques continuaram, mas agora na região do púbis. Às vezes entravam alguns homens jovens, civis, segundo eles mesmos, do Comando de Caça aos Comunistas (CCC), e jogavam água fria em mim para aumentar a intensidade da descarga elétrica. Ao escrever isto, sinto náuseas: eram estudantes muito jovens, todos loiros, e me vem à memória que os oficiais torturadores — capitães, coronéis, majores — eram todos brancos ou pardos. O carcereiro, cujo apelido era Marechal, era o único negro, pelo que me lembro. Observei este detalhe com relação ao Marechal, pois ele era a pessoa que víamos todos os dias e cujas feições tenho até hoje marcadas na memória. Esses jovens torturavam por prazer e por ideologia, riam cinicamente enquanto as pessoas sofriam e gritavam. Esse não era o trabalho deles: eram fascistas voluntários, sendo treinados para a crueldade.

De novo, não consigo precisar quanto tempo permaneci no pau de arara; só consigo me lembrar de que, num determinado momento, entrou alguém fardado, que depois eu soube tratar-se do amaldiçoado Ustra, na época major Brilhante Ustra, comandante da Oban e depois do DOI-Codi. De todos os que me torturaram e deram ordem para que essas barbaridades acontecessem, Ustra foi o único declarado torturador por uma juíza de São Paulo.

O major Ustra entrou na sala, olhou para mim e disse que eu era muito magra, devia ser muito fraca, não resistiria e era melhor me tirar do pau de arara. Nessa época, eu pesava 46 quilos e tinha 1,60 metro de altura. Ouvi essa ordem como se viesse de alguma região muito

A queda ∎

distante, na semiconsciência; nem sei se senti alívio ou raiva, pois o reconheci como membro da Igreja Metodista Central do bairro da Liberdade. A igreja ficava no prédio que abrigava também a Imprensa Metodista, onde eu havia trabalhado por um ano e que frequentei quando estudava no Instituto Metodista. Ali costumávamos cantar juntamente com o coral, cujo regente nós compartilhávamos.

Quando saí do pau de arara, minhas pernas e meus braços estavam completamente adormecidos, e demorei algum tempo para conseguir ficar em pé. As sessões de choque continuaram, agora com menos frequência. Afinal, havia mais de trinta pessoas para interrogar, muito mais *quentes* do que eu; além de tudo, alguns dias depois, os milicos perceberam que eu não tinha tanta informação a dar. Eu era uma *fria*, segundo eles mesmos.

No domingo em que fui presa, à noite, a repressão já tinha vasculhado a casa toda. Encontraram uma arma, maços de dinheiro — nem sabia que tínhamos dinheiro em casa — e, o pior de tudo, o contrato de aluguel da casa onde eu ia morar com o Clemente.

Figura quase lendária, o Clemente entrou na clandestinidade aos 18 anos, ainda no quartel. Ele treinou o uso das armas no Exército, no que era muito bom, recebeu até medalha, antes de se tornar desertor e o homem mais caçado pela repressão depois que assassinaram Carlos Marighella e Joaquim Câmara Ferreira, pois se tornou comando do GTA e da própria ALN.

A Oban trouxe o dono do imóvel para reconhecer a mim e para dizer quem era o outro locador. Quando isso aconteceu, saíram voando para o endereço dele que constava no contrato, mas antes, obrigaram o proprietário do imóvel a entregar o depósito de três meses de aluguel. Jamais me passaria pela cabeça que Clemente tivesse dado o endereço verdadeiro para o contrato. Anos depois, quando nos encontramos, soube que ele escapou por pouco, como relata num dos livros que escreveu.

Depois de o proprietário da casa reconhecê-lo no álbum, a tortura se intensificou. Queriam saber se eu tinha algum ponto de encontro marcado com ele, que tipo de relação tínhamos, por que ia morar com ele. Respondia sempre que íamos formar uma república semelhante àquela onde morava. Aqui me permito confessar que disse a eles quem era a Suzana, minha amiga de faculdade, que tinha sido ela que me apresentara ao Justo, ao Décio e ao Clemente. Pergunto-me sempre se ela conseguiu me perdoar. Das culpas que me restaram, esta foi a que mais latejou durante esses anos todos.

As sessões de choque continuavam cada vez que chegava uma nova equipe para o interrogatório, o que me parecia acontecer sempre às seis horas da manhã ou da tarde; impossível precisar, a percepção do tempo/espaço nesses momentos se deteriora, o tempo se retorce e o espaço se encolhe. Não sabemos se é dia ou noite. Estar presa na Oban era como estar dentro de um não-lugar, onde as leis que regem a física ou a vida são outras, quem as dita é a repressão.

Depois de uma semana de Oban e com muita gente presa — da década de 1970 em diante, toda a esquerda, armada ou não, estava caindo nas mãos da repressão ou sendo assassinada —, a tortura arrefeceu e congelou-se dentro de nós, deixando suas marcas em meu espírito. Foram necessárias décadas para que começasse a se liquefazer e eu me permitisse falar e escrever sobre ela. Uma dor congelada e não enfrentada permanece doendo. É claro que falar sobre essas más memórias não significa, em hipótese alguma, perdoar os torturadores ou esquecer essa

A queda ∎

página dolorida do meu passado; apenas funciona como alerta para as futuras gerações. Também é uma possível forma de sublimação.

Mas as cicatrizes permanecem na alma, e aprendi a conviver com elas. Hoje são parte da minha identidade.

Na Oban, eu tinha sido colocada numa cela junto com Idinaura Marques, minha amiga de colegial e de metodismo. Logo depois, chegaram outras militantes, uma das quais foi apelidada de Maria Metralha pelos meus irmãos. Já conhecíamos sua história. Ela havia sido torturada com selvageria, todos os policiais comentavam. Era sua terceira prisão. Ela havia baleado um segurança do Mappin, um grande magazine que existia no Anhangabaú, em frente ao Teatro Municipal de São Paulo. Estava de saída para Cuba, ia fazer uma cirurgia nos rins e havia ido até o Mappin para comprar objetos de uso pessoal. Cometeu a bobagem de pegar uma sacola e colocar os cosméticos dentro antes de ir para a fila do caixa. O segurança, julgando que ela estava furtando a sacola, deteve-a e levou-a para a sala do chefe. Quando iam pegar sua bolsa para revistar — nela havia um 38 —, ela sacou a arma na tentativa de fugir. Foi cercada por vários seguranças e, na luta corpo a corpo, a arma disparou, acertando o chefe nos genitais. Presa como ladra, foi levada para uma delegacia, onde foi reconhecida e encaminhada para a Oban. Essa prisão foi noticiada nas primeiras páginas do jornal Notícias Populares como crime comum, com foto da "meliante" e tudo.

Convenhamos, é claro que era dificílimo e demandava tempo desmontar um aparelho, nome dado aos locais onde moravam vários militantes, inclusive a própria Maria Metralha, que, supunha-se, deveria ter mantido os olhos fechados toda vez que entrava ou saía de lá. Era costume entre as organizações clandestinas de esquerda que o militante, por razões de segurança, não soubesse o lugar onde estava morando. Assim, devia-se entrar e sair de olhos fechados ou vendados. Ocorre que ela sabia tantos detalhes sobre o local que a repressão o encontrou seguindo as informações que ela deu. Mesmo assim, apenas Denise Crispim foi capturada, no meio da Rua Harmonia ou João Moura, na Vila Madalena, quando ia buscar ovos na casa da vizinha para fazer uma torta de morango. Seu companheiro passou de carro exatamente nessa hora e presenciou a prisão. Nesse aparelho moravam vários militantes da ALN, entre eles, Eduardo Leite, o Bacuri, companheiro de Denise e pai de sua filha.

Além das ameaças de morte e das tentativas de quebrar seu moral, Denise Crispim, grávida de cinco meses, foi espancada pela repressão, principalmente nas costas. Meu tributo à firmeza e à dignidade de Denise. Quando foi transferida para nossa cela, a maneira que encontrei de ajudá-la de algum jeito — eu só chorava e ela se mantinha firme o tempo todo — foi fazendo-lhe massagem nos pés, único lugar do seu maltratado corpo que ainda podia ser tocado, o que lhe trazia algum conforto. Muito tempo depois, já em Paris, soube através de Clemente que ela se referia com muito carinho a esse gesto.

Lembro agora de outra gestante, de quatro meses, que ficou conosco na cela da Oban; acho que se chamava Maria e tinha a fome das grávidas. A comida destinada aos presos era a mesma servida aos recrutas do batalhão do Segundo Exército, no Ibirapuera.

A tristeza de ver nossas certezas virando pó, os traumas da tortura, a situação toda tirava nossa fome. Maria pedia que não dispensássemos o marmitão. Diante da nossa cara de "como ela consegue?", dizia, com os olhos muito arregalados: "Meninas, não me julguem. Como pelo meu filho. É fundamental que ele chegue saudável." Ah, a fome das grávidas! O retorno a um estado primitivo dos sentidos. Fome, cheiros, sentimentos e sono.

Para mim, a gravidez dessas mulheres e de outras que conheci grávidas na Torre das Guerreiras, militantes tão jovens, era incompreensível. Sabiam o que as esperava caso fossem presas e, mesmo assim, engravidavam e mantinham a gravidez. Eu as admirava pela coragem e, ao mesmo tempo, passava noites em claro enquanto elas dormiam o sono das grávidas, aquele sono cansado, sem sonhos, dormiam enquanto seus filhos se faziam, sono que experimentei muitos anos depois. "Por que se permitir ficar grávida naquela situação?", eu pensava. Não era um julgamento moral. Era incompreensão mesmo.

Busco esse porquê nas conversas que tenho hoje com as companheiras Denise, Eva, Maria e tantas outras. Descubro que a maternidade delas nada tinha a ver com a racionalidade da pergunta. Não havia explicação racional para uma gravidez em tempos tão duros.

As respostas são de uma subjetividade e simplicidade desconcertantes: "Eu queria muito ter um filho com ele, sabíamos que podíamos morrer ou ser presos, por isso era fundamental aproveitar cada momento juntos, sem grandes preocupações em não engravidar." Ressalte-se, ninguém fazia filhos para que eles ficassem órfãos.

Outras respondem: "O socialismo viria logo, a sociedade brasileira ia mudar a curto prazo, ter filhos representava a certeza dessa mudança. Ao mesmo tempo que sentia a barra que seria ter filhos na clandestinidade, sentia também que ele era o homem da minha vida, só tive filhos com ele, não tive coragem de ter outros depois que ele morreu, nem com o meu atual marido." Outra explicação é: "Sempre quis ter quatro filhos e os tive. Simples assim." Explicações

Torre das guerreiras e outras memórias

tão singelas para algo tão complexo sempre estão presentes quando o subjetivo se mistura com o objetivo, uma situação que não pertence ao reino da racionalidade.

Talvez essa pergunta também só tenha resposta no plano daquilo que a nós, mulheres, era passado como algo ontológico, atávico e inquestionável. Em 1970, poucas mulheres tinham coragem de assumir que escolheriam não ser mães, se fosse possível. De qualquer maneira, admirava e respeitava profundamente essas mulheres incompreensíveis que engravidavam na clandestinidade.

A gravidez em si nunca foi problema para elas; a principal preocupação das que estavam presas era o momento do nascimento e o futuro. Elas pensavam na depressão pós-parto, no desmame precoce e na cobrança dos filhos: "Se você queria ir à luta, não deveria ter tido filhos."

Eva, por exemplo, nem sabia onde estava seu filho. Ela o havia deixado com uma amiga quando soube que ia ser presa. Levou muito tempo até descobrir que ele estava na casa de sua irmã, em Santos. Quando foi para a Torre, grávida de seis meses, as companheiras — havia estudantes de Medicina, enfermeiras e dentistas — providenciaram uma caminha tipo incubadora e vários lençóis esterilizados para o caso de o parto acontecer por lá. Havia mesmo uma forte torcida nesse sentido, mas, perto da hora de ter a filha, ela foi levada para um hospital militar, seu pior pesadelo.

Após o parto, ela foi liberada e saiu um pouco antes do sequestro de Giovanni Enrico Bucher, o embaixador suíço. Ela estava na lista dos presos a serem trocados, na qual constava "Rubens e companheira", mas nunca foi consultada se queria mesmo ir depois de seu companheiro ter se recusado a sair do país. Essa história foi contada com grande dose de tristeza, pois Eva queria levar os dois filhos. Tinha tanto medo de ir sem os filhos que andava

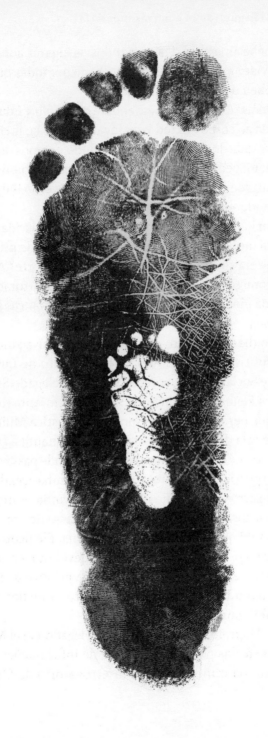

com a bebê amarrada a ela em todos os lugares aonde ia. Sua gravidez era algo tão compartilhado por todas que ela até recebeu o apelido de Choca.

Denise Crispim também andava com a filha, Eduarda, amarrada ao corpo em todos os lugares a que ia, inclusive na embaixada do Chile, em Brasília, onde, tempos depois, em 1972, foi pedir asilo. Ela ficou com a bebê na biblioteca da embaixada durante onze meses, até o governo lhe dar o salvo-conduto para sair do país.

Por que tanto ódio por uma bebê recém-nascida, cujo pai havia morrido torturado depois de 109 dias de prisão e cuja mãe era constantemente ameaçada de morte? Argumento comigo mesma que só os ditadores, os torturadores e gente da pior espécie são capazes de odiar crianças pelos atos de seus pais, e para isso não tem perdão.

No dia 5 de agosto de 1970, após passar 25 dias na Oban, fui transferida para o Departamento de Ordem Política e Social (Dops), comandado pelo delegado Sérgio Paranhos Fleury. Fiquei na cela número 3 durante todo o tempo que permaneci lá, à disposição da Justiça Militar.

Da cela do Dops, na qual ficamos Idinaura e eu, só podíamos ver o lado de fora pela fresta por onde passavam a comida e por onde o carcereiro de plantão vinha acender os nossos cigarros. Gritávamos "Fogo!" e ele vinha — um par de olhos azuis. Descobrimos depois tratar-se de um militante da VPR que claudicava de uma perna. Ele ficou para sempre com problemas de mobilidade devido ao tempo de pau de arara e a um tombo que levou na prisão e que não recebeu o tratamento adequado. Cicatrizes que ficam no corpo para sempre.

No Dops, fui interrogada pelo delegado Edsel Magnotti, que fez as perguntas a partir de informações que já estavam na minha folha de interrogatório da Oban.

Descrevi quem estava preso conosco, tentei falar sobre a tortura que havia sofrido para que ela constasse, mas o delegado obviamente desconsiderou a informação e não autorizou o registro.

Ele passou a ditar o meu depoimento para a datilógrafa, insistindo em que eu falasse onde estava Suzana. Lembrei-lhe de que ela estava presa havia mais de um mês, não tinha como passar qualquer tipo de informação.

Declarei que sim, havia abrigado em minha casa, por questões humanitárias, pessoas procuradas pela polícia política, que minha família tinha me ensinado a nunca recusar ajuda a alguém que estivesse em situação de rua ou passando fome, que era presidente eleita do Centro Acadêmico da Faculdade Paulista de Serviço Social, bastante conhecida no movimento estudantil, e que havia tido contato com muita gente através da faculdade e nunca tinha me preocupado em saber qual a posição ideológica de cada um.

Questionada sobre o que fazíamos no centro acadêmico, respondi que fazíamos festas, bailes, encontros, carteira de estudante para pagar meia entrada no cinema, grupos de estudo das matérias da faculdade; também descrevi com detalhes como era a minha rotina no banco, onde trabalhava todos os dias das sete da manhã até uma da tarde. Ao fim, assinei o depoimento. É claro que o tempo todo ficaram no ar ameaças do tipo: "Não é só na Oban que tem tortura, nós também temos e vamos usar, se for preciso. Temos, inclusive, um sítio aonde bandidos como vocês são levados, e daí já sabe..."

Voltei ao departamento várias vezes para esclarecimentos, mesmo depois de ter sido transferida para o Presídio Tiradentes, em 31 de agosto de 1970. Cada vez que entrava uma nova leva de presos que pudesse ter algo a ver conosco, éramos levadas para o Dops.

As transferências do Presídio Tiradentes para o Dops eram sempre feitas durante a noite ou a madrugada, de surpresa, sem que soubéssemos para onde estávamos indo nem por quê, e isso gerava uma incerteza cruel sobre o que poderia acontecer com a gente. Os carros de transferência de presos entravam pelo portão dos fundos do presídio, onde não se podia ver nada do lado de fora, nem quem estava entrando ou saindo.

Numa das vezes em que fui ao Dops, havia acabado de acontecer o sequestro do embaixador suíço. Soube, pelos gritos de euforia do delegado Sérgio Paranhos Fleury e de outros torturadores presentes, que Eduardo Leite, o Bacuri, já era "presunto", termo que o Esquadrão da Morte, grupo de policiais executores do fim da década de 1960 e início da década de 1970, usava para designar os supostos bandidos que assassinava, como ele mesmo fez questão de dizer na frente de todo mundo que lá se encontrava. Essa violência por parte dos agentes do Estado é um comportamento recorrente na História do Brasil, dirigindo-se, nos dias atuais, principalmente aos pretos, pardos e pobres das periferias.

Soube da existência do Bacuri, militante do GTA da ALN, através de Denise Crispim. Até então, não sabia que Eduardo Collen Leite tinha sido militante da VPR e depois da ALN; até hoje ele é sempre lembrado por seus companheiros como uma pessoa sensível, meiga e, ao mesmo tempo, firme.

Bacuri foi preso e levado ao sítio da morte do delegado Fleury, perambulou por vários órgãos da repressão, resistiu a 109 dias de tortura. Foi executado, segundo relatos, no Forte dos Andradas, no Guarujá. Sua execução aconteceu para impedir que fosse trocado pelo embaixador suíço. Está enterrado no Cemitério da Areia Branca, em Santos.

No Dops, recebi a visita de minha mãe, meu pai e meus irmãos, que me avisaram ter contratado o advogado Idibal Piveta para me defender. Não contei aos meus pais nada do que me acontecera, tive vergonha dessa parte da espécie humana e fiquei preocupada com o sofrimento que a verdade poderia causar a eles. A maldade que minha família apenas intuía já lhes causava tanta tristeza que todas as vezes que meu pai ouvia músicas de que gostávamos, como *As flores do jardim de nossa casa*, de Erasmo Carlos e Roberto Carlos, ele chorava de tristeza, apesar de ser o homem mais alegre que conheci.

Tento puxar na memória como era o cotidiano na Oban e só vejo, na primeira prisão, a Maria Metralha, militante que estava na cela junto conosco, de olhos muito arregalados, massacrada na tortura, aos prantos, dizendo: "Fiz merda, não achei que eles chegariam lá só com aquelas informações." Um dia, abrem-se as portas da cela, e Marechal, o carcereiro, diz: "Você vai mudar de cela, pois a Denise vai ficar aqui e, como foi você que a entregou, é melhor não ficarem juntas." Quando Denise chegou, ficamos sabendo, Idinaura e eu, que ela estava sozinha numa cela e que havia tentado suicídio cortando os pulsos com os cacos da lâmpada que tinha desenroscado do bocal.

Lembro também que, depois que saíram todos — por transferência, para tratamento médico etc. —, pararam os gritos. Por um bom tempo, foi possível dormir. Duas semanas depois de termos chegado lá, o capitão Gaeta apareceu com um pacote com dois frangos assados e pão fresco, entregou para mim e para a Idinaura e disse: "Não está envenenado, é melhor do que o rancho que vem do quartel." Nunca entendi aquele gesto. Consciência infeliz em torturador?

Torre das guerreiras e outras memórias

Quando não estava sendo interrogada nem preocupada com alguém que estava no interrogatório, descobri, na cela da Oban, dois livros deixados por alguma pessoa que lá esteve: *O crime do padre Amaro*, de Eça de Queiroz, e *A montanha mágica*, de Thomas Mann. Li-os e deixei-os lá, pois adivinhava que muitos presos ainda viriam ocupar as celas. Sempre penso na pessoa que deixou os livros como um ser muito iluminado que preencheu minhas noites de solidão e de medo quando nem Deus existia. Para mim, ler sempre foi uma maneira positiva de evasão do real em situações de isolamento e desamparo.

Ficamos detidas 25 dias na Oban, e todas as mulheres que passaram por lá nesse período ficaram na nossa cela. Esse é o registro que guardo desses 25 dias, além de outras sombras imprecisas.

O Presídio Tiradentes

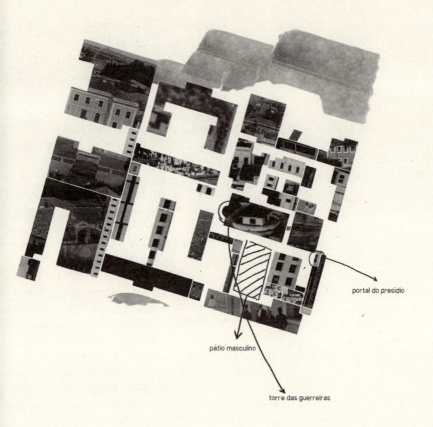

MINISTÉRIO DO EXÉRCITO
II - EXÉRCITO 05127
2ª DIV DE INFANTARIA
= QUARTEL GENERAL =

São Paulo — SP
Em 05 de agôsto de 1970
Do Chefe do Estado-Maior da
2ª Divisão de Infantaria
Ao Sr Diretor do DEOPS/SP
Assunto:- Encaminhamento de pres-

OFÍCIO Nº 776-OB

1. O Exmo Sr Gen Cmt da 2ª DI incumbiu-me de apresentar-vos os se
guintes elementos, presos pela OB por estarem envolvidos em subversi
e terrorismo:

    a. RAFAEL DE FALCO NETO ("RUBENS BURIOLA", "REINALDO JOSÉ TAVA
       RES", "JOSÉ CARLOS", "MARCOS" ou "CID")

    b. ANA MARIA RODRIGUES RAMOS ("SÔNIA" ou "NETINHA")

    c. IDINAURA APARECIDA MARQUES

    d. GABRIEL PRADO MENDES

2. Informo-vos o seguinte:

    a. RAFAEL DE FALCO NETO ("RUBENS BURIOLA", "REINALDO JOSÉ TAVA
       RES", "JOSÉ CARLOS", "MARCOS" ou "CID")

      (1). pertencia à ALN (Ação Libertadora Nacional);

      (2). por ocasião de sua prisão, tentou a fuga, motivo pelo
          qual foi ferido a bala (Vide Receituários anexos). Em
          consequência sofreu intervenção cirúrgica no Hospital
          Geral de São Paulo;

      (3). foi condenado pela 2ª Auditoria da 2ª RM a 18 mêses de
          detenção. Não cumpriu tal pena por ter fugido;

      (4). foi dirigente da organização subversivo-terrorista den
          minada FER (Frente Estudantil Revolucionária). Com est
          sigla, promoveu panfletagem;

      (5). em Out 69 participou de reunião com elementos da FELA
          (Frente Estudantil pela Luta Armada) e da ALN, a qual
          deliberou pela colocação de bomba na reitoria da USP,
          ocorrida a 8 Out 69, data de aniversário da morte de
          Che Guevara. GILBERTO LUCIANO BELOQUE ("ALENCAR"), da
          ALN, e JOSÉ CLÁUDIO BARRIGHELLI, da FELA, participantes
          de tal reunião, foram presos pela OB e encaminhados a
          êsse Departamento com Ofício nº 478-OB e Ofício nº 410
          OB, respectivamente;

             - continua -

R E S E R V A D O

Não deixa de ser interessante, e também irônico, ter existido no Brasil um presídio com o nome de Tiradentes. Como todos sabem, ele é o mártir da nossa Independência e herói da Inconfidência Mineira, movimento do qual foi o único punido com morte exemplar. Dar seu nome a um presídio de presos políticos é, de fato, uma grande ironia e diz muito sobre como são tratados nossos heróis nacionais.

O Presídio Tiradentes foi construído em 1854 para servir de alojamento aos escravos que chegavam a São Paulo — antes de serem vendidos; lá ficavam, presos nos grilhões. Depois tornou-se também prisão dos escravos foragidos recapturados ou que tivessem cometido algum crime. Foi demolido em 1973 para a construção da Estação Tiradentes do metrô. Dele sobrou apenas um dos portais, sem nenhuma referência ao que ele significou para a História deste país. Isto é, demolido para todo mundo, menos para mim.

Foto do interior do Presídio Tiradentes na virada do século

Torre das guerreiras e outras memórias

Até setembro de 2014, jurava que o presídio continuava lá. Todas as inúmeras ocasiões em que fui ao local vizinho — para participar de manifestações de professores, alunos e funcionários em greve na Fatec; participar de assembleias; ir às exposições da Pinacoteca; apanhar o trem para o Rio de Janeiro ou o trem de subúrbio para Pirituba; mostrar o Museu de Arte Sacra para algum turista amigo do exterior; desfrutar a programação do Museu da Língua Portuguesa —, na minha memória, o Presídio Tiradentes continuava lá.

Várias vezes olhei por trás dos muros da Fundação Paula Souza e vi a torre de vigia onde o reco (recruta) fazia a ronda, caminhando em volta das ameias (parapeitos) do presídio. Eu jurava ver a figura do jovem que, com o fuzil no ombro, servia o Exército, caminhando, caminhando.

Quando comecei a pensar a sério na elaboração deste livro e fui buscar informações sobre o Presídio Tiradentes, levei o maior susto: foi demolido! Demolido! Agora ele só existe na minha memória. A torre das mulheres presas políticas, onde passei os nove meses mais intensos da minha vida, não existe mais. Foi demolida também. O tempo que lá passei permanece na minha memória, basta chamá-lo que ele vem, com tantos detalhes que às vezes me parece que não haverá palavras suficientes para contá-los.

Ninguém gritou pela sua preservação. Até porque, em 1972, o movimento de esquerda andava muito mal das pernas, e eu estava sendo presa pela segunda vez — foi quando fiquei no então DOI-Codi da Rua Tutoia por uma semana para acareações.

Ainda bem que ninguém, nenhum ditador, nenhuma lei, nenhum milico-macaco, nenhum traidor, consegue desfazer ou demolir a minha memória. Ainda tenho muito nítido o quadro em minha mente. A percepção da não existência física do Presídio Tiradentes tornou quase obrigatória a necessidade de escrever estas memórias. Recuperar para esta e as futuras gerações fatos que se tornaram História e que se pretende apagar. Talvez seja essa a razão da memória e de eu ter sobrevivido.

As armadilhas que o nosso inconsciente prega. Neste caso, foi uma das boas, pois posso pegar o leitor pela mão e dizer: venha passear na minha memória.

Veja nesta página o portal de entrada do Presídio Tiradentes, alto, muito alto, largo, cinzento. Após ultrapassá--lo, encontrávamos vários recintos: um saguão de entrada e diversas salas onde eram feitas as admissões dos presos, onde recebíamos as visitas dos advogados e onde nossos parentes e visitantes entregavam os víveres e eram revistados, tanto as pessoas quanto qualquer material que entrasse.

Convém dizer que, naquela época, nos idos de 1970, a revista dos visitantes de presos políticos, se comparada com a que se faz hoje com os visitantes dos presos comuns, era muito leve e bem menos vexatória. Os chamados presos

Portal de entrada do Presídio Tiradentes, no centro de São Paulo

❚ Torre das guerreiras e outras memórias

de consciência tinham condições especiais de prisão, isto é, podiam tomar sol todos os dias, ler, preparar a própria comida na cela, ver televisão. Vários pátios ligavam o prédio da administração à ala dos presos e presas comuns e à Torre das Guerreiras.

Após passar pela admissão e assinar o livro de entrada, os presos homens iam para o lado esquerdo de um grande pátio e passavam por um portão de ferro que dava para um pátio menor, chegando à ala masculina por um corredor.

Nunca pude ver como era a ala dos homens, mas sei que os presos políticos ficavam em celas separadas das celas dos presos comuns porque a repressão tinha o maior cuidado em não juntar os dois tipos de "bandidos": tinham medo de que os "terroristas" militantes contaminassem os presos comuns com a ideologia comunista.

Em dia de visitas, aqueles que tinham esposas, pais, filhos, parentes, noiva ou noivo etc. juntavam-se no mesmo pátio e recebiam as visitas em conjunto. Um dia por semana, maridos e esposas, companheiros e companheiras assumidos perante a repressão, podiam se encontrar em particular, mas não havia visita íntima.

As presas mulheres seguiam pela direita, por um longo caminho cimentado, sempre cercado de muros com guardas vigilantes. A carcereira que nos acompanhava abria um portão que dava em outro pátio, todo murado; tudo era muito cinzento e com muito cimento no chão. Chegávamos, então, em outro pátio, onde ficavam os tanques e os varais para secar roupa. Um outro portão de ferro ia dar na Torre das Guerreiras propriamente dita.

Como fui parar naquele lugar? O que leva uma quase menina de 20 anos, de família proletária, pai marceneiro e mãe dona de casa, bancária, estudante de Serviço Social e presidente do Centro Acadêmico do curso noturno da

O Presídio Tiradentes ▋

histórica Faculdade de Serviço Social da Rua Sabará, a ser presa como militante da ALN, uma organização política que pregava e fazia a luta armada contra a ditadura militar burguesa?

Excesso de juventude, dirão alguns; sonhadores, loucos, equivocados, revolucionários, dirão outros. Nunca terroristas e drogados, como queria a ditadura!

Na verdade, essa prisão começa muito tempo antes. Estava marcada na minha trajetória pessoal. Trajetória que, na década de 1960, confundiu-se com a realidade cotidiana vivida por milhões de brasileiros, com variada intensidade. Fatos que hoje são História. Vamos a eles.

Quase tudo que veio antes do Presídio Tiradentes

Contarei memórias que irão me expor. Apesar do medo que ainda resta bem lá nos cantinhos escuros dos meus sentidos, eu as contarei. Incrível como fatos acontecidos há tanto tempo podem ter, ainda hoje, este efeito: dar medo, criar constrangimentos, desconforto e uma imensa vontade de soltar o grito que ficou preso na garganta dos que viveram o que aqui vou narrar.

Reflito também: essas memórias são caminhos que percorri e que ainda hoje percorro, tanto na militância política quanto na minha vida pessoal e na profissional. Tudo que me aconteceu está indelevelmente marcado na minha trajetória pessoal desde o meu nascimento. As opções e escolhas feitas ao longo da minha vida, de certa forma, já apontavam para o que sou hoje, mesmo considerando que o destino dos homens, enquanto entes singulares, marcados por formas de sociabilidade que os tornam plurais, é também imprevisível, dado ser síntese de múltiplas determinações.

Torre das guerreiras e outras memórias

Nasci em 1948, na Rua Felix Bandeira, em Maceió, Alagoas, endereço da casa dos meus avós maternos e onde moravam meus pais e toda a família por parte de mãe. Assim, nasci filha de dona Iracy Pimentel Rodrigues, mistura de portugueses da região de Trás-os-Montes, por parte da minha avó Benedicta de Souza Mendonça Pimentel, e de espanhóis, por parte do meu avô João Rodriguez. Quando comecei a ler, descobri que o meu avô se parecia muito com as ilustrações de Dom Quixote, muito alto e com as costas curvadas.

Quando o meu avô João, espanhol e anarquista, dono de um pequeno empório em Maceió, soube que minha mãe — que estudava em um colégio de freiras — pretendia fazer votos de noviça, passou-lhe a maior descompostura. Mamãe contava que ele a chamou num canto e disse: "No dia que você fizer os votos, será como se tivesse morrido, como se eu tivesse cortado um dedo e jogado fora. Você não será mais minha filha." Mamãe desistiu na hora. Senti muito que ele tivesse morrido antes de virmos para São Paulo.

Depois de decidir não fazer o noviciado, mamãe passou a dar atenção a um rapaz negro, pescador, que vinha sempre comprar no empório do meu avô. Vestido como se fosse para uma grande ocasião, contava minha mãe, de terno de linho branco e chapéu, ele ali se demorava horas em conversa com meu avô até a minha mãe aparecer. Eram tão apaixonados que minha mãe trocou o noviciado por ele, com as bênçãos de ambas as famílias.

Meu avô paterno, sr. Teotônio Duarte Ramos, era também pescador. Branquinho, com cara de português, era casado com dona Antônia Ramos, cujos ancestrais tinham vindo diretamente da África, habitando em Palmeiras dos Índios, cidade do interior de Alagoas, e dos povos originários da etnia caeté, aqueles que comeram o bispo Sardinha. Minha avó paterna costumava contar que sua mãe fora escrava e que ela nunca tinha calçado sapatos. Desde criança, andava descalça a maior parte do tempo. Nem para casar ela botou sapatos, só tamanco.

Da *vó* Antônia, lembro-me de uma preta bem alta, gorda, dona de um colo muito fofo que nos abraçava, acolhia e acalentava quando éramos pequenos. Sinto-me internamente aquecida ao trazê-los de volta enquanto narro, já se foram há tanto tempo...

Meu pai, seu Pedro Duarte Ramos, pescador, associado à cooperativa de pescadores da Praia de Pajuçara e depois fiscal de pesca da colônia de pescadores da Lagoa do Mundaú, tinha muito orgulho, conforme constava na tradição familiar paterna de Palmeiras dos Índios, de ter um certo parentesco com Graciliano Ramos — "o maior escritor e intelectual comunista que as Alagoas já haviam produzido", segundo meu pai.

Minha infância foi marcada pelas palavras "escritor", "intelectual" e "comunista", qualidades que passei a admirar mesmo antes de saber ao certo o que significavam. Isso me levou, aos 5 anos, a insistir com minha mãe em aprender a ler e escrever, pois tinha a pretensão de ser como o meu parente famoso. Também marcaram a minha infância as águas da Lagoa do Mundaú, que às vezes vinham bater à nossa porta e onde meus irmãos nadavam. Eu não, eu tinha medo! Era uma criança tímida, calada, quieta, desesperada para descobrir o mundo e transparente naquilo que sentia.

Em 1953, Maceió tornou-se pequena demais para o meu pai, que pegou um avião e veio para São Paulo, nas asas da Panair, buscar novos horizontes. Meu avô paterno vendeu uma casa para que ele pudesse vir, e meu pai até tirou uma foto com a aeromoça. Dois anos depois, veio o

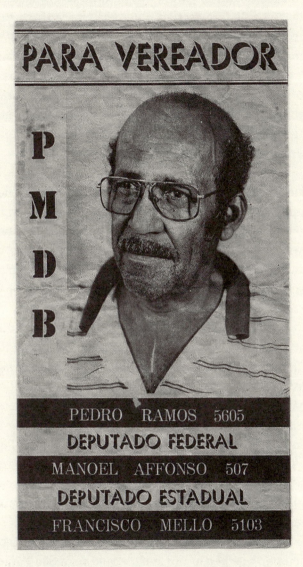

Santinho da candidatura do pai de Ana Maria a vereador (São José da Laje, Alagoas, 1976)

resto da família — minha mãe, minha avó materna, meu tio, eu e três irmãos. Ao contrário do que era comum, não viemos de pau de arara; aportamos no Rio de Janeiro, num navio chamado Rodrigues Alves.

Dessa viagem, lembro do enjoo, das redes penduradas no convés e da superlotação. Meu irmão mais novo corria em volta do convés e minha mãe, em pânico, pedia ajuda. Um dos tripulantes amarrou uma rede bem alta e o colocou dentro dela; só o rosto dele ficava de fora, e assim pudemos prosseguir viagem sem perigo de um irmão cair no mar!

Papai nos esperava no Rio de Janeiro, onde eu fiquei com minhas tias que lá moravam, trabalhadoras da fábrica de tecidos Bangu. O resto da família foi para São Paulo, onde meu pai já havia alugado uma casa de fundos com um quarto e sala na Rua Itaúna, Cidade Vargas. A casa tinha um pessegueiro que floria em lilás rosado e dava ótimos frutos para mamãe fazer compota. Lembro-me da árvore com os pesseguinhos embrulhados em sacos de papel, um por um, para que os passarinhos não comessem, e do meu pai dizendo: "Ziza", o apelido da minha mãe, "os primeiros não pode ensacar, são dos passarinhos!" No fim da rua via-se o Parque do Estado, local onde costumávamos fazer piquenique com os vizinhos nos fins de semana.

Após passar três meses com minhas tias no Rio de Janeiro, subindo no pé de tamarindo e vendo passar as águas coloridas pelos canais da cidade de Bangu, onde a fábrica jogava a água de tingimento dos tecidos, brincando de adivinhar pela cor das águas qual seria a estampa dos tecidos, elas me trouxeram para São Paulo, pois as aulas iam começar. Lembro-me de me sentir feliz com a ideia de frequentar uma escola, como faziam todas as outras crianças, mais feliz ainda porque eu já sabia ler, mesmo não sabendo escrever. Aquela felicidade que vem das novidades boas que a vida nos traz quando estamos na infância.

Nessa época, meu pai trabalhava como servente de pedreiro na construção de um prédio que depois tornou-se a loja de departamentos Exposição Clipper, no bairro de Santa Cecília.

São Paulo foi a descoberta da escola, da leitura e da vaga noção de que existia uma coisa chamada greve (as greves gerais de 1955-56), que deixava meu pai muito nervoso e fazia minha mãe sair de casa para trabalhar como diarista nas casas vizinhas, pois a ameaça do meu pai ficar desempregado era sempre muito presente.

Lembro-me de minha mãe trabalhando na casa de uma vizinha chamada Ondina. Boa gente, estava imobilizada por uma doença de ordem neurológica. Além de cuidar dela e da casa, mamãe cozinhava e cuidava de seu filho de 10 anos. Um dia, dona Ondina, percebendo que mamãe nunca comia as comidas que fazia, perguntou: "Dona Iracy, por que a senhora não come sua própria comida?" Ela respondeu: "Eu não consigo comer essas comidas boas que faço pensando que meus filhos estão em casa com pouca coisa para comer." A vizinha ficou comovida com essa fala e autorizou minha mãe a fazer uma farta marmita todos os dias na hora do almoço e levar para os filhos, no caso, eu, meus irmãos, minha avó e meu tio.

Mesmo com todas as dificuldades, eu me sentia bem e integrada, pois a escola, meu maior prazer, continuava funcionando e eu podia ler. Resolvi que seria professora, pois, assim, essa coisa chamada greve não me pegaria: não existia greve nas escolas, professores ganhavam muito bem e, principalmente, eram muito valorizados socialmente, possuíam *status*. O tempo provou como eu estava enganada.

Ser professora significava gostar de ensinar, de ler e de escrever, era honroso para qualquer família ter uma professora em seu seio, além da garantia de um salário que dava para viver sem grandes sustos.

Dos 7 aos 11 anos, minha brincadeira preferida era a de escolinha, onde eu era sempre a professora e as bonecas ou colegas eram minhas alunas. Até que, um dia, uma vizinha disse a profética frase que ficou gravada em minha memória: "Esta menina tem mais jeitinho para ser assistente social do que professora." Fui atrás de saber o que fazia uma assistente social. Perguntei aqui e ali, a professora me explicou que era uma boa profissão, mas tinha de estudar muito, trabalhava com os pobres e ajudava as famílias. Guardei comigo essa explicação e a dúvida: pobre trabalhando para pobre? Não era possível. Possível era a solidariedade entre os pobres, isso, sim.

Já nessa época, meu pai trabalhava na marcenaria da grande loja de departamentos que ele havia ajudado a construir, dessas que faziam desfile de modas e tinham uma lanchonete para as madames que lá compareciam. Sobrava muita carne e muito pão todos os dias. Meus pais sabiam várias estratégias de sobrevivência. Ele pedia para que os chapeiros da lanchonete não jogassem fora as sobras de carne e de pão, e, ao fim do dia, levava a carne que sobrava com a desculpa de que era para alimentar nossa cachorrinha, a Laika. Com a carne, fazíamos nossa mistura; com o pão, as torradas. Até que um dia a prefeitura proibiu esses gestos.

Também eu, pré-adolescente, já sabia realizar algumas dessas estratégias de sobrevivência. Um dia, o pessoal da igreja, da sociedade de senhoras, resolveu marcar um culto à tarde em casa, como era costume. Todo mundo sabia que nesses cultos a dona da casa sempre servia bolo, bolachas, Ki-Suco e outras iguarias para os convidados. Estávamos sem nada para oferecer, e o dia do pagamento estava longe. Mamãe andava atordoada, sem coragem de desmarcar o culto e sem coragem de dizer que não teria nada a oferecer. Lembrei que, nos romances para moças que costumava ler na biblioteca da escola, todo mundo tomava chá com torradas à tarde.

Anunciei, triunfal: "Eu tenho uma solução!" Fui para a cozinha com minha avó e fizemos potes de chá de capim-santo — nosso quintal tinha várias touceiras —, pegamos o saco de pães velhos que papai trazia, cortamos fatias bem fininhas e fizemos várias fornadas de torrada.

Após os cânticos e os pedidos de bênçãos, servimos o chá com torradas douradas e com manteiga derretendo. Foi o maior sucesso. Minha família foi elogiadíssima pelo gesto tão fino. Ficamos com a fama de ser gente que parecia rica! Ganhei vários pontos com meus familiares por causa dessas ideias estranhas que, de vez em quando, me afloravam. Até hoje meus irmãos e sobrinhos me procuram quando têm algum problema que eles julgam insolúvel. Vêm perguntar o que acho, dizendo: "Você, a louca da nossa família, sempre tem alguma ideia boa!"

Ninguém estranhou quando, anos depois, fui presa por militância política. Eu era assim, fora dos padrões, nem usava sutiã. Recebi todo apoio que precisei. O meu irmão mais velho, falecido em 1987, costumava dizer que, "em política, eu era o único macho da família". Nunca o contestei, mesmo não sendo uma atitude que combinava com os meus impulsos feministas. Aceitei o reconhecimento, afinal, era um elogio.

Dessa época, tenho a lembrança do cheiro de madeira e verniz impregnado nas roupas do meu pai quando ele chegava do trabalho, além do cheiro de Pinho Campos do

Quase tudo que veio antes do Presídio Tiradentes ▌

Jordão, colônia que ele usava. Éramos pobres, mas o meu pai, como bom nordestino, fazia questão de comprar sabonete e colônia, dizendo que até os cangaceiros no meio da caatinga se perfumavam.

Bom mesmo era quando ele ia trabalhar nos fins de semana em Vinhedo, no sítio dos donos da loja, e voltava com caixas de frutas que nunca poderíamos comprar — uvas, figo, morangos — e uma ou outra garrafa de vinho que ganhava de presente, tudo coisa de rico. Ganhava também as horas extras por trabalhar sábados e domingos.

Em 1957, mudamos para a Rua Ângelo Alegro, na Vila Souza, um bairro da Vila Nova Cachoeirinha. Compramos um terreno já com cozinha, banheiro e um cômodo construídos, mas não finalizados. Mudamos mesmo assim. A água era de poço, e dele puxávamos o balde rodando o sarilho. O chuveiro era feito com um balde metálico em cujo fundo havia uma abertura sobre a qual uma placa fechava e abria, controlando a saída da água. O mecanismo de abrir e fechar desse chuveiro, confesso, ainda me espanta. Como era possível que funcionasse?

Além disso, também não tínhamos eletricidade, só luz de candeeiro a querosene. Mas, com um radinho de pilha, ouvíamos todo fim de tarde a novela *Jerônimo, o justiceiro do sertão*. A falta de eletricidade durou pouco tempo, pois logo os vizinhos se juntaram e colocaram os postes na rua. O governo não estava nem um pouco preocupado com as famílias de retirantes que formavam a periferia da cidade.

Claro, não havia asfalto, as ruas eram um barro só, o ponto final do ônibus ficava no bairro Itaberaba ou no Largo do Japonês, ambos a 3 quilômetros da Vila Souza. Quando chovia, ir até o trabalho significava levar sapatos para trocar antes de pegar o ônibus. O curioso é que

77

tinha uma família que deixava a torneira da casa deles disponível para tirarmos o barro dos pés antes de trocar de sapato. Quem tinha só um par ia descalço até o ponto final, carregando os sapatos na mão. Havia muita gente nessa situação.

Como toda família nordestina que migrava para o Sudeste, nós também mudamos de religião, deixando de ser declaradamente católicos. Minha mãe era católica praticante e meu pai, espírita de mesa branca que recebia um caboclo chamado Júpiter e um Preto Velho. A família inteira se converteu ao metodismo — viramos crentes, como se dizia.

Foi a Igreja Metodista que nos acolheu, que nos deu uma identidade urbana e uma comunidade a que pertencer. Foi onde também encontramos a solidariedade dos vizinhos naqueles tempos difíceis, quando, em um

Ana Maria na redação da revista Bem-Te-Vi, em 1968

Quase tudo que veio antes do Presídio Tiradentes ▌

cômodo e uma cozinha, morávamos em onze pessoas. Cômodo nosso, porém, e ele crescia a cada fim de semana no sistema de mutirão, sempre encerrado aos domingos com os maravilhosos almoços da minha mãe para os trabalhadores: mocotó, dobradinha e mungunzá de sobremesa. Meu pai e os amigos do trabalho, além do pessoal da igreja, aos poucos foram erguendo nossa casa. Diga-se, ela nunca foi totalmente concluída, mas lentamente foi crescendo e, após 5 anos, já tinha três quartos, sala, cozinha, banheiro interno, estava com forro, reboco só por dentro, azulejo e, claro, um chuveiro elétrico. Tinha água encanada também.

Sempre fui radical. Ser metodista até o fim significava, em sua radicalidade, ser diaconisa da igreja. Ajudei a igreja de todas as formas: nos grupos de jovens e nas salas de aula da escola dominical. Assim, aos 17 anos, juntamente com mais 35 adolescentes vindas do Brasil inteiro, fui estudar no Instituto Metodista, uma escola que, em sistema de internato, formava missionárias e diaconisas da Igreja Metodista.

Tínhamos aulas o dia inteiro, dividíamos os trabalhos, ajudávamos na limpeza e na cozinha, plantávamos nossa própria horta e formávamos dois times de vôlei. Como eu era sempre a última a ser escolhida para compô-los, morria de inveja das gaúchas, que jogavam muito bem e eram as mais altas do grupo. Eu, além de baixinha e magrinha, era completamente desajeitada, e a bola sempre fugia das minhas mãos. Nunca fui de praticar esportes, jogava muito mal, preferia ir para a biblioteca — que era obrigatória — todos os dias, das 19h30 às 21h30, e ficar lendo, em silêncio.

Não jogava direito, mas, na hora de argumentar, eu sempre tinha as melhores falas. Algumas de nós se

79

Torre das guerreiras e outras memórias

debruçavam sobre o livro e dormiam, mas eu era daquelas que acordavam com a leitura. Afinal, ler sempre foi a maneira que encontrei de me evadir da pobreza e tentar responder a muitas perguntas que me fazia.

O conteúdo das aulas no Instituto correspondia a um curso do Ensino Médio voltado para o magistério — era chamado de Curso Normal — e ainda tinha História da Igreja, Teologia, Exegese, um pouco de grego, noções de enfermagem. O contato com grupos ecumênicos era incentivado. Nesses encontros, conheci muitos jovens da igreja que já estavam questionando a sua fé e as injustiças sociais.

A discussão política e a crítica à religiosidade popular eram algo ainda incipiente, mas o suficiente para termos argumentos para discutir, por exemplo, com os missionários norte-americanos e coreanos, que vinham ao Instituto Metodista, na Chácara Flora, em São Paulo, fazer palestras sobre a não violência de Gandhi e sobre o movimento de Martin Luther King, o pastor negro que liderou a luta a favor dos direitos civis para os negros e contra o sistema de *apartheid* que existia nos Estados Unidos. Martin Luther King foi assassinado, e seus seguidores logo abandonaram o lema da não violência para fundar movimentos como os Panteras Negras, de James Baldwin e Angela Davis. Nessas discussões, nossos argumentos eram essencialmente humanistas. Afinal, a morte pela fome, por doenças, falta de saneamento, sede, como acontecia no Nordeste, não é violência?

Com a Guerra do Vietnã, que deixou de ser colônia da França e passou a ser de interesse geopolítico dos Estados Unidos, o tema do anti-imperialismo se fez presente, daí para a conclusão de que éramos um país dependente, e não subdesenvolvido, que a metrópole estadunidense exportava todas as suas contradições para os países da sua área de

Quase tudo que veio antes do Presídio Tiradentes ▌

influência e que o povo brasileiro pagava o desenvolvimento dos Estados Unidos com o próprio sangue e a vida, foram dois passos. Era uma conclusão óbvia.

A minha inesgotável curiosidade a respeito do mundo da política me levou a procurar respostas. Algumas delas encontrei com os meus amigos da Igreja Metodista,que eu sabia serem de esquerda. Alguns deles eram alunos e futuros pastores; outros apenas frequentavam a Faculdade de Teologia Rudge Ramos em atividades preparadas para jovens; outros ainda estavam organizados enquanto cristãos marxistas em movimentos ecumênicos, universitários ou simplesmente aderiram à Teologia da Libertação com o apoio de dom Helder Câmara, logo depois da Conferência de Medellín, em agosto de 1968.

Alguns desses amigos, que já liam, além de Marx e Engels, os manuais de materialismo dialético e histórico da Academia de Ciências de Moscou, sugeriram-me tais leituras. Hoje fico imaginando que eles muito provavelmente já eram do Partido Comunista Brasileiro (PCB) ou da Ação Popular (AP), ou apenas considerados simpatizantes ou área próxima desses partidos, mas, na época, eu não tinha a mínima ideia disso. Varávamos noites discutindo política e teologia, a diferença entre teologia e religiosidade popular. A existência ou não de Deus e do Diabo gerava conversas acaloradas. Descobri ainda que o nascimento de Jesus não teve coral de anjos cantando nem os reis magos. Tudo isso me deixava completamente sem chão.

Descobrir, entre outras coisas, que o inferno da teologia cristã não existia foi um soco no estômago que, de vez em quando, doía. Até hoje, às vezes ainda dói um pouco ter perdido a inocência da religiosidade popular. Substituí essas explicações religiosas por Sartre: o inferno se tornou as outras pessoas, no caso, a burguesia. Conseguia fazer a junção entre o existencialismo e o materialismo dialético. Já tinha lido Jorge Amado nas aulas de Literatura no 8º ano ginasial (atual 6ª série), sabia que dava para juntar religião e política.

Havia também os livros que versavam sobre materialismo histórico e dialética, que ofereciam algumas respostas ao mundo dos homens. Não sabia que eram proibidos e o que poderia acontecer comigo se fosse pega pela polícia e presa com um desses livros. Em 1967, estávamos em plena ditadura.

O exercício de ler e escrever foi algo sempre muito prazeroso para mim. Dessa forma, no início de 1968, aos 19 anos, quase formada professora primária e missionária pelo Instituto Metodista, aceitei ser redatora-chefe da revista O Bem-Te-Vi, leitura obrigatória na escola dominical das igrejas metodistas de todo o Brasil e dirigida a crianças de 6 a 14 anos. Nessa revista, eu era a tia Netinha.

Cabe contar aqui que tive o raro privilégio de escolher meu nome. Meus pais decidiram que todos os filhos teriam nomes que começassem com a letra "E". Assim, tinha nascido o Edilson, a Edilza, o Ednelson e eu seria a Ednete.

Naquela época, o batismo era mais importante que o registro civil, e minha madrinha se rebelou contra esse nome, recusando-se a me batizar de Ednete e sugerindo o nome de duas santas: Ana e Maria. Meus pais aceitaram e a tradição familiar dos nomes em "E" foi quebrada. Tornei-me Ana Maria por batismo. Toda a família e os amigos continuaram me chamando de Netinha. Santa insubordinação!

Quando nos preparamos para a viagem de navio para São Paulo, minha mãe foi registrar todos os filhos e teve o bom senso de me perguntar qual nome eu preferia.

Escolhi o da santa. Escapei por muito pouco de ser Ednete, mas carrego o apelido de Netinha até hoje.

Meus primeiros contatos com a esquerda brasileira se deram no Instituto Metodista, em 1966, época em que se gestava a Teologia da Libertação. Momento também em que os jovens cristãos se organizavam na militância de esquerda. Eu, pessoalmente, tinha uma percepção de que havia algo de muito errado na sociedade e que se expressava na vida cotidiana da minha família — na pouca comida, na falta de sapatos e de agasalho suficientes para nos aquecer nas noites frias da Sampa de garoa fininha.

Estudava no período noturno e trabalhava durante o dia. Aos 14 anos, cursava o que seria hoje o 9º ano, pois, naquela época, havia um curso de admissão ao ginásio (segunda etapa do Ensino Fundamental) que durava um ano e, além de tudo, fui reprovada no segundo ano ginasial por causa da bendita matemática.

Muitas questões me martelavam o pensamento e pediam por compreensão. Nos encontros de jovens pelo ecumenismo, nas conversas com pessoas que, depois, descobri serem do PCB ou da AP (eu ainda não sabia a diferença entre esses vários grupos), no contato com os gaúchos da Faculdade de Teologia, que já manifestavam posições políticas mais claras e possuíam uma visão mais crítica do mundo, encontrei as respostas de que precisava.

Algum tempo depois, na leva dos grandes movimentos de massa estudantis e da sociedade como um todo, os estudantes da Faculdade de Teologia da Igreja Metodista fizeram uma greve que se caracterizou por ser um movimento contra o conservadorismo, tanto moral quanto político, que reinava na Faculdade Rudge Ramos. Depois desse movimento, a faculdade ficou meses fechada até ser feito o expurgo dos comunistas, essa "erva daninha".

Torre das guerreiras e outras memórias

Alguns foram presos, sofreram tortura ou morreram, alguns sobreviveram ou desistiram, outros são meus amigos até hoje.

A repressão tinha gana especial dos militares "comunistas", considerados por eles traidores, e dos metodistas de esquerda, pois o chefe da inteligência deles, major Ustra, era metodista confesso e incentivava a denúncia dentro da hierarquia da Igreja. Pastores e bispos também cumpriam a missão de olheiros e dedos-duros da repressão. Ser de esquerda e metodista era dupla traição. A luta de classes estava presente também nas igrejas.

Lembrar a greve da Faculdade de Teologia me traz à memória a figura de dois profetas lindos: Joel e Samuel, dois jovens gaúchos do Alegrete. Estudantes de Teologia, pretendiam ser pastores, mas, por terem participado do movimento grevista, foram expulsos da faculdade.

Samuel trazia a música na alma, cantava, tocava órgão e era regente de coral, e Joel, além de cantar numa bela voz de tenor, transbordava alegria. Mais por razões humanitárias do que políticas, ambos ofereceram apoio logístico a alguns perseguidos pela repressão.

Quando eu e Idinaura fomos presas, a repressão ficou sabendo, de alguma forma, que Rafael de Falco morava com outros estudantes em uma casa-república, fato de que, confesso, eu não tinha a mínima ideia. Foram lá buscá-los. Joel não se encontrava em casa, e quem recebeu a Oban foi Samuel. A casa foi invadida, vasculhada, revirada e ficou de pernas para o ar. Nada encontrando, a repressão levou o assustado e sensível Samuel, que foi liberado após prestar depoimento e saiu de lá completamente arrasado: tinham feito questão de deixá-lo esperando num local onde ele ouvia as nossas vozes e os nossos gritos na tortura. Samuel falava disso todas as vezes que nos encontrávamos. Isso o marcou até a sua morte, em 2013.

84

Quase tudo que veio antes do Presídio Tiradentes

Quando Joel e Samuel chegaram em casa — Joel voltando do trabalho e Samuel, depois de prestar depoimento na Oban —, descobriram, no meio da bagunça de livros e documentos jogados no chão pela polícia, um pacote enrolado em algumas roupas que continha o que os milicos não haviam encontrado: armas, dinheiro, documentos e passaportes falsos.

Não tiveram dúvida: cavaram um buraco no quintal, no terreno onde depois foi construído o prédio da Universidade Metodista de São Bernardo, e enterraram tudo. Joel e Samuel haviam escondido o Rafael de Falco na casa deles. Tantas coisas eu não sabia! Várias vezes eles tentaram descobrir onde estavam enterrados esses objetos, mas nunca mais conseguiram achar o local. Um dia, quem sabe, alguém vai escavar o terreno da Universidade Metodista Rudge Ramos por uma razão qualquer e vai encontrar esse pacote.

O primeiro movimento estudantil de que participei foi dentro do Instituto Metodista, em cuja direção havia duas missionárias, uma delas vinda dos Estados Unidos, que nos proibiam de usar minissaia e de sair para participar do que estava acontecendo na cidade e no mundo — diziam ser necessária a autorização dos pais. Com razão, a maioria de nós era menor de idade. Conseguimos que nossos pais assinassem a tal autorização e nos jogamos nas manifestações com todo o entusiasmo juvenil.

No ano de 1968, parece que todos os estudantes do mundo estavam sublevados, e nós também. As moças do Instituto, articuladas com o movimento da juventude metodista, fizeram um movimento para tirar a reitora do cargo. Ela o deixou, mas permaneceu como diretora e *house mother* — título que ela e duas missionárias americanas da Igreja Metodista recebiam. Em seu lugar, ficou

85

Torre das guerreiras e outras memórias

um jovem pastor que nos dava aula de Exegese e que tinha nome de filósofo grego.

Essa minha turma foi a última que se formou pelo Instituto. As outras, um pouco mais velhas que nós, já tendo cursado o Ensino Médio, foram transferidas para a Faculdade de Educação Cristã em 1967, juntamente com os estudantes de Teologia da Rudge Ramos. Nessa época, as mulheres não podiam ser ordenadas pastoras, mas hoje são até bispas e ninguém reconhece o empenho de nossas lutas. Confesso que sinto um certo remorso pelo trabalho que dei a essas senhoras, fruto de um tempo quando o universo parecia conspirar a favor dos jovens.

É claro que esse movimento de jovens da Igreja Metodista não durou muito tempo e terminou com a greve que explodiu na Faculdade de Teologia, no primeiro semestre de 1968, reivindicando democracia interna e melhores condições de alimentação e estudo. Tinha como pauta também o fim da forte centralização da autoridade na resolução de problemas; o acúmulo de funções na reitoria; a falta de material para o cumprimento do cardápio; o uso indiscriminado de verbas em coisas que não eram de primeira necessidade; a indolência do conselho administrativo e da congregação em relação à reformulação dos estatutos da Faculdade de Teologia; e a insistência em cumprir um currículo que não correspondia à realidade brasileira da época. Eram problemas que vinham se acumulando desde 1962 e que foram apresentados em um abaixo-assinado em fevereiro de 1968. Como não tinha havido nenhuma resposta dos órgãos competentes ao abaixo-assinado, os alunos deram um ultimato que tampouco obteve resposta. No embate que se seguiu entre as várias forças dentro do metodismo, o movimento dos alunos saiu perdendo.

Os estudantes de Teologia e as estudantes de Educação Cristã ocuparam a faculdade e a moradia, inclusive fazendo repúblicas mistas, para escândalo geral de alguns mais conservadores, estudantes ou professores. O movimento foi duramente reprimido pela hierarquia da Igreja, que fechou a faculdade durante um ano e meio e expulsou todos os seus alunos, só aceitando a volta dos que não estavam na lista dos proscritos. A assim chamada "política de conciliação" foi a solução encontrada pelos bispos da Igreja para resolver o impasse.

Ainda uma lembrança: na Praça da Sé, juntamente com todas as alunas do Instituto, participei da histórica passeata do 1º de maio de 1968, que terminou com a pedrada na cabeça do governador Abreu Sodré, obrigando as autoridades oficiais a deixar o palanque para os manifestantes.

Além da emblemática "Greve na fábrica contra o arrocho", havia outras duas palavras de ordem na manifestação: "O povo organizado derruba a ditadura" e "Só o povo armado derruba a ditadura". Ainda não compreendia claramente a diferença entre ambas. No bonde Marechal Deodoro, no caminho de volta à Chácara Flora, onde estudávamos como internas, uma das nossas colegas, avaliando a manifestação, declarou o quanto havia gostado, mas enfatizou que não havia entendido por que fazer greve na fábrica contra o *arroz*. A comida do refeitório seria tão ruim assim? Foi uma gargalhada geral! Tempos de inocência. A gente não tinha vergonha de confessar nossas dúvidas, por mais engraçadas e ridículas que fossem. Descobrimos que algumas de nós tinham problemas de audição.

Estava acontecendo também a greve dos metalúrgicos de Osasco e de Contagem, com ocupação das fábricas. Era

Torre das guerreiras e outras memórias

greve contra o arrocho salarial imposto pela política econômica do governo Costa e Silva, contra o amordaçamento, prisão e desaparecimento das lideranças operárias, contra a intervenção nos sindicatos e a lei antigreve — todos eles, mecanismos chamados de "pacificação da sociedade" para que a classe operária, sem reclamar e sem exigir direitos trabalhistas, se deixasse explorar pelos patrões. A expressão "sindicato pelego" nasceu nesse contexto.

Quanto ao Instituto Metodista, depois de minha turma, foi fechado e continuou existindo como um espaço de formação da Igreja. Anos mais tarde, o local foi vendido a uma grande incorporadora que lá fez um condomínio de luxo, destruindo, inclusive, a linda capela de arquitetura moderna e em formato de arca. Ela tinha um órgão elétrico maravilhoso. Muitas noivas faziam questão de se casar nessa capela, cuja parede da frente era de vidro e dava a sensação de que a mata a invadia. Ainda consegui mostrar o Instituto para minha filha, há 20 anos, pouco antes de ser derrubado.

Ao fim daquele ano de 1968, já sabendo que queria ser assistente social e com uma sensibilidade muito apurada para os problemas sociais do Brasil, comecei a me preparar para os vestibulares do curso de Serviço Social da Faculdade Paulista de Serviço Social. Lia *História da riqueza do homem*, de Leo Huberman, *Desenvolvimento e subdesenvolvimento*, de Celso Furtado, entre vários outros. Essa faculdade funcionava no mesmo prédio da famosa Escola de Serviço Social de São Paulo, uma das primeiras escolas de Serviço Social do Brasil, onde estudaram profissionais pioneiras na área.

O edifício ficava na Rua Sabará, perto da Rua Maria Antônia, local da antiga Faculdade de Filosofia da Universidade de São Paulo (USP), em frente a um dos portões da Faculdade Mackenzie, lugar onde sempre começavam e terminavam as passeatas que já então eu frequentava, junto com os meus amigos da Igreja Metodista. Eles eram todos considerados "de esquerda". Muitos foram presos, ficaram exilados e, mesmo assim, até hoje não desistiram de suas lutas.

Imagem da manifestação estudantil em 1968 na Praça da Sé, São Paulo

Torre das guerreiras e outras memórias

Saí do meu trabalho na redação da revista Bem-Te-Vi, passei numa seleção do Banco Andrade Arnaud para trabalhar como escriturária, desmanchei um noivado de aliança, comprei uma calça Lee na Rua Direita e, sentindo-me a pessoa mais abençoada do mundo, fui fazer minha matrícula na universidade.

Um ciclo da minha vida havia se encerrado. Quando iniciei o curso de Serviço Social, em março de 1969, era comum os estudantes escolherem entre as várias áreas de atuação profissional que existiam — caso, grupo ou comunidade. As únicas duas certezas que eu tinha no momento eram: minha área de intervenção seria comunidade e buscaria contatar os grupos de esquerda.

Isso foi relativamente simples, pois o trote programado para os calouros do ano de 1969 foi uma palestra sobre reforma universitária e proferida por Antônio Benetazzo, estudante de Arquitetura, artista plástico e ex-militante do PCB, depois da ALN e do Molipo, vindo a morrer assassinado pela repressão política três anos depois. A história da morte do Benetazzo está contada pela inteligência da própria repressão em entrevista concedida ao jornalista e escritor Marcelo Godoy no livro *A casa da vovó: uma biografia do DOI-Codi.*[1]

Esse tipo de atividade era o celeiro da esquerda. Tinha por objetivo formar quadros e verificar, dentro dos vários grupos de alunos, quem apresentava maiores chances de vir a ser um militante. Os grupos organizados na frente de massas das organizações ficavam de olho nas pessoas mais politizadas. Nessa palestra, eu fiz perguntas, manifestei opiniões — ainda não tinha

---

[1]GODOY, M. *A casa da vovó: uma biografia do DOI-Codi (1969-1991), o centro de sequestro, tortura e morte da ditadura militar.* 2ª edição. São Paulo: Alameda Editorial, 2015.

Quase tudo que veio antes do Presídio Tiradentes **|**

medo de falar — e logo Suzana me procurou para participar de um grupo de estudos sobre marxismo, com todos os cuidados de segurança — foi a primeira coisa que aprendi.

No grupo, também discutíamos quem poderia ocupar a direção do centro acadêmico do curso de Serviço Social noturno e todos foram unânimes em me lançar como candidata a presidente, o que, para mim, foi o máximo. Por fim, seria, de fato, de esquerda!

Uma vez eleita e sempre com a supervisão de Suzana, comecei a participar de várias reuniões para discutir a atuação conjunta no movimento estudantil, a organizar manifestações e festas, além do trote aos calouros do ano de 1970.

Tive o privilégio de participar de reuniões com várias lideranças do movimento estudantil, mesmo com a União Nacional dos Estudantes (UNE) e a União Estadual dos Estudantes (UEE) na clandestinidade. Falava muito pouco, pois ainda não conseguia diferenciar o discurso da Ação Popular Marxista-Leninista (APML) da ALN ou do PCdoB. Parecia-me que era tudo igual. Com o tempo, pude perceber quais palavras mostravam a posição da pessoa: imperialismo, guerra popular, coluna guerrilheira. Cada grupo expunha sua posição ao se apropriar de certos conceitos.

Com essas atividades, iniciei minha militância na esquerda, primeiro como presidente do Centro Acadêmico, em 1969, e depois como apoio logístico da ALN.

Para ser recrutada por alguma organização clandestina era preciso que esta pessoa provasse na luta sua disposição e um pouco de ousadia. Algo que me promoveu aos olhos dos militantes foi a minha ingenuidade durante uma reunião do movimento estudantil. Lembro bem: o Bernardino Guimarães, líder do movimento estudantil e desaparecido após prisão no Nordeste, estava lá, e eu, muito inocentemente, perguntei para os meus amigos: "Quem daqui é apedeuta?" Foi uma gargalhada geral. Era assim que o pessoal da ALN chamava, em particular, o pessoal da AP, de gozação. A Suzana me mandou olhar no dicionário para saber o porquê das gargalhadas. Ao pé da letra, "apedeuta" quer dizer ignorante, pessoa sem instrução. Sempre que lembro disso, enrubesço. Éramos bem-humorados e cultos. Líamos muito também.

Quando, nas discussões do movimento estudantil, alguém demonstrava interesse pelos temas da esquerda, logo havia algum grupo querendo levar essa pessoa para a militância. Eu gostava de ler, era respeitada pelos colegas em sala de aula, era de confiança, isto é, tomava cuidado de não perguntar nomes ou endereços, passava as noites no mimeógrafo, preparando panfletos e mosquitinhos que denunciavam as maldades que o imperialismo ianque fazia contra o povo para distribuí-los em passeatas e panfletagens, participava de comícios-relâmpago e outras atividades típicas da frente de massas, nada mais natural do que ser adicionada a esses movimentos. Minha tarefa era militar na frente de massas e o grupo mais próximo era o da ALN.

Água ou refrigerante

Lembro-me com perfeição de quando, nessa época, ia cobrir os pontos com o Clemente. Eu o conhecia como Guilherme, não fazia a mínima ideia do seu papel de comando, pressentia alguma coisa. Ele tinha carro, tentou me ensinar a atirar (sem sucesso), estava clandestino. Nada mais sabia além disso, muito menos que o endereço que ele dera no contrato de aluguel do aparelho em que íamos morar era verdadeiro. Ele cuidava de mim com um carinho de irmão, pagava sempre o prato feito, pois eu nunca tinha dinheiro para comer fora, mesmo PF, e não deixava que bebesse

Quase tudo que veio antes do Presídio Tiradentes ❚

refrigerante ou água, era sempre leite. Aliás, havia uma discussão entre os companheiros que estavam na clandestinidade: seria ético que o guerrilheiro urbano, mantido pela organização, bebesse refrigerante nas refeições? Não, ele deveria beber água, que era (ainda) de graça.

Nesse ano de 1969, Suzana me apresentou a Gabriel Prado Mendes e a Percival Menos Maricato, alunos, respectivamente, do curso de Direito da Faculdade de Direito do Largo de São Francisco (USP) e da Pontifícia Universidade Católica (PUC), também militantes da ALN no movimento estudantil. Gabriel ficou encarregado de me acompanhar, ensinou-me a usar o mimeógrafo a álcool, passava muito tempo na sala do Centro Acadêmico do curso noturno preparando comigo o material a ser impresso. Depois descobri algo muito moderno: a *offset*, que imprimia mais rápido e mais bonito que o mimeógrafo. O Centro Acadêmico tinha dinheiro, compramos uma. Foi também o Gabriel quem me ensinou a usá-la.

Com essas atividades no movimento estudantil e, depois, no apoio logístico da ALN, fui pouco a pouco me envolvendo na militância política, cuidando de esconder gente que estava clandestina, passando o dinheiro dos bailes e das festinhas para a manutenção dos militantes e o pagamento de advogado para os presos sem recursos, fazendo grupos de estudos de Marx, Engels e toda a gama de literatura de esquerda, socializando com os estudantes, ajudando a vender jornais, fazendo panfletagem, levando e trazendo informações. Sendo assim, em julho de 1970, fui presa, indo parar na Torre das Guerreiras do Presídio Tiradentes.

Na Torre das Guerreiras do Presídio Tiradentes

Havia uma área de circulação, uma cela à esquerda, bem grande, outra no meio, na qual só cabiam duas pessoas, e à direita, uma escada em formato de ferradura que levava ao segundo e ao terceiro andares, onde ficavam mais duas celas e a cozinha onde preparávamos as nossas refeições em equipes que se rodiziavam semanalmente.

A Torre era a vitrine nacional e internacional para a ditadura mostrar como eram tratados (muito bem, segundo eles) os presos políticos quando os grupos de defesa dos direitos humanos e anistia visitavam o país. Por isso, nossas condições eram privilegiadas. Durante o período em que lá estive, várias comissões da ONU, da Anistia Internacional, da Igreja Católica ou Protestante estiveram em visita e, dentro do que foi possível na época, contamos a verdade.

Antes de lá chegarmos, uma reunião entre as militantes da ALN e a coordenação da Torre decidiu que ficaríamos na Cela 1. Afinal, eu era a militante tida como a companheira que ia morar com o Clemente. A minha prisão e dos outros que foram comigo não acarretou outras quedas nem mortes, encerrando um ciclo de quedas começado com a prisão do Wilson. Ficou decidido pelo coletivo da ALN na cadeia: ficaríamos na Cela 1.

Chegamos à Torre, suspiramos. Depois de passar pelo inferno da Oban e por um apavorante e pequeno alívio no Departamento da Ordem Política e Social na fase cartorial — aquele momento em que a gente faz o inquérito perante uma autoridade civil e a prisão é oficializada —, deixar a Rua Tutoia era, enfim, uma pequena alegria. Naquelas circunstâncias, chegar à Torre era quase chegar ao paraíso. Suspirei de emoção, estávamos entre irmãs, iguais e companheiras, eu e Idinaura. No Presídio

Tiradentes, e principalmente na Torre, não havia tortura para os presos políticos.

Após passarmos pela ala das "presas comuns", que gritavam "Gente nova!", nos dirigimos à entrada da Torre.

Às seis da tarde do dia 31 de agosto de 1970, a carcereira que acompanhava as presas — uma negra alta, bonita, de olhos amendoados, uma mistura de etnia afro com indígena, sorridente, cujos ancestrais, como os meus, provavelmente haviam passado por lá — abriu o último portão e anunciou: "Gente nova!"

Entramos. Nas escadarias, nos dando boas-vindas, estavam: Heleni Guariba, Dilma Rousseff, Leslie Denise Beloque, Vilma Barban, Jovelina, Maria do Carmo Campelo de Souza, Arlete Bendazolli, Guiomar Silva Lopes, Maria Aparecida Santos, Idoina, Maria Aparecida Costa e Eliana Rollenberg.

A Lu Beloque foi encarregada de nos esclarecer as regras daquele coletivo. A sós, orientou-nos quanto às regras de segurança. Aprendemos que a gente nunca devia perguntar para alguma companheira de qual organização ou partido ela era, mas em qual processo ela estava. Lu nos apontou quem era de confiança e de quem devíamos desconfiar.

Deixou muito claro que quase tudo que tínhamos na cela e na Torre era do coletivo: quem precisasse, poderia usar, com exceção das roupas e objetos de uso pessoal, que também poderiam ser emprestados, desde que a proprietária assim autorizasse. Todos podiam comer os alimentos que chegavam para o coletivo, mas os que vinham para uma determinada pessoa eram dela e só ela decidia com quem dividir. Em geral, dividíamos iguarias como iogurtes, doces e chocolates com as companheiras de cela. As de família abastada, a grande maioria, recebiam em grande quantidade as comidinhas mais gostosas.

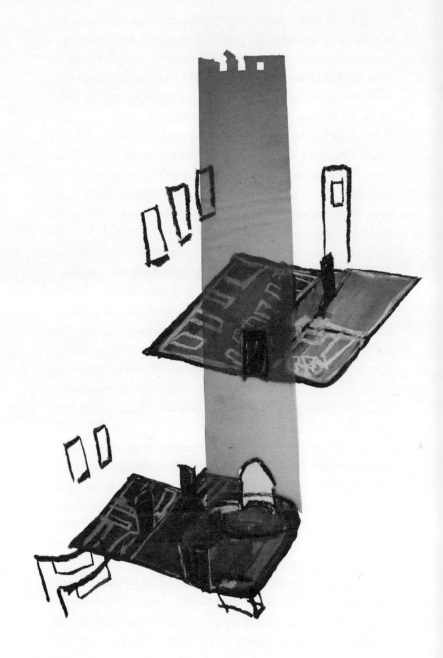

Torre das guerreiras e outras memórias

Cada uma cuidava dos seus pertences, que ficavam alojados em caixotes de madeira em cima da cama. Cada uma lavava a própria roupa e colaborava na limpeza da cela quando fosse sua vez, mantendo a sua cama forrada e entrando no rodízio da dupla que iria preparar as refeições. Podíamos também, se quiséssemos, entrar nos grupos de estudos, ler os livros que tínhamos e participar das discussões. Eu adentrei aos poucos nesse universo; calculo que levávamos pelo menos três meses até estarmos socializadas com todos os preceitos e nos movimentarmos sem criar atritos. Havia muita tolerância e compreensão por parte de todas.

Devo confessar que, diferentemente do internato no Instituto Metodista, onde a maioria das meninas era de origem proletária e religiosa, eu me surpreendia diariamente com a quantidade de intelectuais, estudantes e gente da alta burguesia que entrava na cadeia. É claro que esse fato tem uma explicação: os proletas — operários e camponeses — que estavam na luta em seus sindicatos quando veio o golpe civil-militar de 1964 já haviam sido exterminados, exilados ou presos. A maior parte dos que se insurgiram em 1968 era de classe média.

Os mantimentos para as refeições eram trazidos pelas famílias. A dupla encarregada de cozinhar na semana seguinte fazia a lista do necessário. Cada uma dizia o que sua família podia trazer de acordo com suas possibilidades e a lista era repassada. Se a família não fosse de São Paulo, alguma outra família cobria a parte dessa pessoa. Era um procedimento muito tranquilo.

Um dia, quando eu já tinha o apelido de Urubu (apelido dado pela Carmute e pela Dilma, sendo prontamente aceito por todas e por mim sob a justificativa de que eu vestia sempre roupa preta ou marrom, vivia empoleirada

Na Torre das Guerreiras do Presídio Tiradentes ▮

no beliche, falava baixo e tinha jeito de ser uma autêntica mocinha ingênua), a Benda e a Lu Beloque me confessaram que a minha chegada no presídio havia sido uma grande decepção. Como eu tinha a fama de ser a companheira do Clemente, que, por sua vez, tinha fama de ser (e era) durão com os companheiros que se mostravam vacilantes ideologicamente, rigoroso nas questões de segurança — ele sempre tinha voz de comando e foi o único comandante da ALN que sobreviveu sem nunca ter sido preso —, todos esperavam uma sargentona grandona, falando grosso. Chego eu. Magra, com cara de fome, proletária, falando baixo, meiga, sem nunca ter dado um tiro na vida e, ainda por cima, estudante de Serviço Social e quase missionária da Igreja Metodista!

Segundo elas, todas as idealizações que faziam sobre mim vieram abaixo e foi um caso de amor à primeira vista. Nunca duvidei da solidariedade, da generosidade, dos laços de afeto que nos uniam. Até hoje o sentimento que me vem é muito cálido quando penso em todas as companheiras da Torre. Sinto saudades e, a ironia das ironias, eu me sentia protegida e feliz na cadeia. Estava entre iguais, podia conversar sobre qualquer assunto, as pessoas eram cultas, lidas, inteligentes e prestativas, a comida era boa, os riscos estavam temporariamente suspensos, havia muito a aprender. Essa era a minha comunidade ideal. Logo percebi que ficar muito tempo presa com essas companheiras seria um acréscimo à minha vida.

Na celona, a maior de todas e onde a maioria ficava, o banheiro fazia parede com o banheiro de uma das celas da ala masculina, o que nos permitia, sempre à noite, "falar" com os companheiros por Código Morse, que funcionava melhor do que colocar um copo e falar através dele. Ninguém podia ter dor de barriga durante a madrugada, hora

■ Torre das guerreiras e outras memórias

em que a encarregada do plantão digitava na parede o Código Morse em longas conversas com a cela dos meninos, ocasião em que passávamos e recebíamos as informações do dia, que sempre eram muitas.

O banheiro de todas as celas era um caso à parte. Não tinha porta. Improvisamos cortinas para garantir um pouco de privacidade na hora de sua utilização. Um detalhe: como vaso sanitário, tínhamos a chamada "privada turca", um buraco no chão com dois lugares em formato de sola de sapato onde colocávamos os pés e agachávamos. Em toda a minha vida, só vi esse tipo de vaso sanitário de novo em 2000, nos acampamentos do caminho entre Lisboa e Hannover, e depois, quando viajei para a Tunísia, em 2005, em pleno deserto, já na fronteira com a Argélia. Estes tinham porta.

O clima na Torre era de colégio interno. Todas colaboravam para garantir uma vivência tranquila entre as várias tendências e grupos políticos. Havia uma organização do cotidiano que não possibilitava muito tempo para depressão nem tristezas.

Éramos um coletivo. A maior preocupação era sempre sermos justas na distribuição de tarefas, igualitárias na hora de pedir os víveres a cada família, de acordo com as suas posses, responsáveis com as tarefas a nós atribuídas pelo coletivo de celas, um tipo de conselho com representantes de todas as celas, que se reunia e fazia a distribuição da quantidade de mantimentos que cada família poderia trazer. Por exemplo, à minha família competia trazer uma lata de azeite e 2 quilos de feijão, além dos cigarros que eu fumava naquela época.

Aliás, parece-me que todo mundo, com raríssimas exceções, fumava naqueles tempos. Todas as pessoas que

102

Na Torre das Guerreiras do Presídio Tiradentes ▮

nos visitavam traziam cigarros. Foi assim que minha família ficou sabendo que eu fumava.

O conselho de celas indicava as equipes que fariam as refeições para todos. Algumas eram ótimas cozinheiras, outras nem tanto, mas podíamos sempre pedir a comida do presídio, o que era preferível, dependendo das cozinheiras.

Resgato aqui a solidariedade dos meus colegas de faculdade: tão logo souberam da prisão, providenciaram uma visita à casa de minha família, levando mantimentos, roupa, dinheiro — parte da minha contribuição no orçamento familiar — e o endereço do advogado. Durante todo o tempo que lá fiquei, esse gesto se manteve.

Por outro lado, na primeira vez que recebi a visita dos meus familiares, que nunca me faltaram, eles me trouxeram uma latinha minúscula de azeite, arroz e feijão cozido, bolacha e frutas em quantidade tão pequena que ri. Minha mãe disse achar que eu estava numa solitária, com duas argolas presas com correntes nos pés de outra prisioneira. A presença de minha família me protegendo era tão forte que, uma vez em que ficaram mais de dois dias sem ter notícias (em 1972), foram à porta da Oban (então já DOI-Codi) com uma sacolinha de roupas, alguns alimentos e cigarros. A estratégia era: ninguém perguntava se a filha ou parente estava lá; simplesmente batiam no portão, apresentavam-se como parentes do fulano que tinham ido levar roupas e comida e, se aceitassem receber, estava confirmada a prisão.

No dia em que a família de Carmute mandou presunto cru com melão, aprendi a gostar do discreto charme da burguesia e, no que se referia à comida, meu gosto proletário se refinou. Eu, que quase passava fome na maior parte do tempo da minha infância e durante o ano e meio de faculdade, tornei-me uma *gourmet*. Comer frango defumado assado em manteiga e mel de cana foi o suprassumo.

As comidas um pouco mais requintadas que eu como hoje, aprendi a gostar delas no presídio: risotos, tender, as misturas de doce e salgado, iogurtes. Lembro que um dia a dupla que cozinhou era Maria Barreto Leite e Terezinha. Fizeram um risoto de bacalhau, mas, como não era o arroz apropriado, ficou muito duro. Não gostei, mas comi; não comer seria um desperdício de bacalhau.

Algumas discussões começavam nos grupos de estudos e chegavam até os programas de tevê. Tínhamos uma tevê preto e branco e, maravilha das maravilhas, assistíamos à novela *Irmãos Coragem*, torcíamos por eles. Cada "ação armada" que aparecia na novela era analisada em seus mínimos detalhes. Lembro bem do dia em que os irmãos iam tomar a delegacia (e deu certo, a ação foi perfeita na novela). Luiza, Cida Costa, Cida Santos, Dilma especialmente, todas nós gritávamos, aplaudíamos cada vez que o coronel sofria um revés. Eram nossas catarses, já que não nos era permitido o real...

Comemoramos o Natal de 1970 com um jantar bem comum para a classe média; para as proletas da Torre, um banquete. Comemos frango defumado, aquecido no forno com mel de cana e pêssego em calda. Interessante é que, na noite de Natal, o aparelho de tevê que ficava na Cela 1 foi para a cela da Terezinha Zerbini, para ela, com todo o respeito, assistir à Missa do Galo.

No Ano-Novo teve festa e jantar caprichado. A família de Terezinha Zerbini — a eles, minha eterna gratidão — carinhosamente mandou um pernil gigante, preparado e assado para a ceia. Houve música e cantos. O guardinha que ficou de plantão na guarita era conhecido da família de Cida Santos, lá de Ribeirão Preto. Ele nos trouxe uma garrafa de champanhe e recebeu de presente um prato de pernil, farofa, arroz à grega e, de sobremesa, doce de

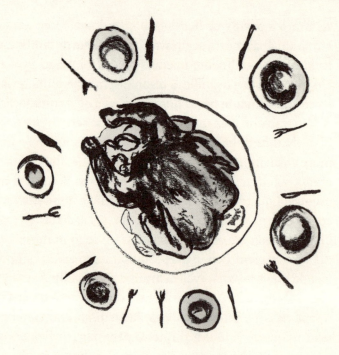

laranja. Foi uma festa e tanto, com direito a uma serenata, um presente dos nossos companheiros da ala masculina. Foi comovente! Retribuímos o presente cantando "Chega de saudade", de Tom Jobim.

Nesse dia, nós bebemos também a "cachaça" de laranja. Guardamos um saco de laranjas — bendito sítio do general Zerbini —, esprememos, deixamos fermentar. Benda, cujo apelido obviamente era Professor Pardal, improvisou um alambique com uma espiriteira e gelo, conseguindo, após algumas horas, extrair uma xícara de cachaça. Foi a glória. Todas deram uma lambidinha! Mas isso só para a Cela 1. Imaginem um grupo de dez meninas, nenhuma com mais de 23 anos, em volta de um alambique improvisado: revezando-nos, uma segurava a parte da mangueira por onde passava o vapor da laranja, outra

Torre das guerreiras e outras memórias

segurava a parte que ficava embaixo do gelo depositado numa vasilha e outra segurava o trecho que desembocava na xícara. Literalmente fizemos pinga, foi pingo a pingo. E o medo de que os milicos resolvessem fazer uma revista na cela justamente nessa hora? Um mês de fermentação e todo o trabalho para montar o alambique seriam perdidos.

Nunca tinha aprendido a jogar cartas. Dilma e Carmute ensinaram a mim e às outras a jogar baralho: buraco, crapô, paciência, king, canastra e outros de que já me esqueci. Quando ficava muito difícil para a noite passar, já com a cela na tranca, aconteciam longas rodadas de jogo. O bom mesmo é que algumas faziam jogo materialista, dialético e científico, isto é, arquitetavam tanto tempo a jogada que nossos nervos ficavam em frangalhos.

Os trabalhos manuais eram outra forma de fazer o tempo passar e ocupar a cabeça. Além disso, eram também uma maneira de juntar dinheiro para pagar advogados e conseguir grana para os que eram mais pobres e, por serem arrimo de família, precisavam de ajuda.

Esses trabalhos manuais eram vendidos tanto na feira *hippie* da praça da República, em São Paulo, quanto em Paris ou em qualquer lugar do mundo onde houvesse brasileiros no exílio. Fazíamos bolsas de couro desenhadas com pirógrafo, biquínis de crochê, blusas de tricô, meias, luvas, bordávamos tapetes, fazíamos colares de conta utilizando uma caixa de madeira com pregos nas bordas, por onde passavam fios de pesca que ajudavam a entrelaçar e a colocar contas de várias cores, formando lindos desenhos. Essa era uma habilidade que eu não tinha. Até hoje, tenho duas mãos esquerdas e, como destra, sou completamente débil manualmente.

As guerreiras da Torre sempre se divertiram muito com a minha falta de jeito. Fazíamos também colares e

Na Torre das Guerreiras do Presídio Tiradentes █

medalhões de barro coloridos pintados a mão e presos a uma tira de couro. Os medalhões de barro eram uma forma de mandar mensagens para fora do presídio. Presenteávamos algumas pessoas com eles. Como eram muito bem-feitos, nenhuma carcereira tinha coragem de quebrá-los. Após sair do presídio, a pessoa quebrava o medalhão e decifrava a mensagem, em código, claro. Uma vez, uma carcereira gostou e quis comprar um. Avisamos que já estava vendido e fizemos outro para ela sem o recheio.

Um dos recheios que pude ver foi preparado da seguinte forma: a mensagem era escrita em uma folha de papel com quadrados recortados em cima de uma folha em branco. A pessoa escrevia a mensagem, retirava a folha de quadrados e a completava com qualquer coisa que combinasse. O destinatário da mensagem colocaria um papel com quadrados recortados por cima e conseguiria ler um texto dentro de outro texto.

Com o tempo, conheci melhor outras mulheres que ali estavam. Afinal, permaneci nove meses na Torre. Muita gente passou por lá e saiu de lá. Muitas que estavam antes de mim e que me receberam falaram mais próximo aos meus afetos. Com elas me identifiquei logo que cheguei à Torre, e até hoje estão numa galeria do meu coração.

Galeria das guerreiras

Todas as guerreiras que passaram pela Torre enquanto lá estive deixaram em mim suas marcas, algumas mais, outras menos. Listo abaixo as que estiveram mais próximas e me falaram mais ao coração, pois agora me permito declarar publicamente os afetos. Os desafetos já foram esquecidos.

Maria Aparecida Costa — apelido PB, abreviatura de pequeno-burguesa. O apelido foi dado pela Dilma e não tinha nada a ver com sua origem de classe ou seu comportamento. Estudante de Direito da Faculdade São Francisco (USP), foi delatada e presa por um colega da faculdade que a reconheceu na rua e chamou a polícia. Anos depois, esse sujeito foi reconhecido e justiçado no Rio de Janeiro. Se fôssemos descrever a PB usando a linguagem atual, ela seria chamada de Barbie. Linda, cabelos longos e loiros, rosada, um sorriso gigante, olhos azuis, miúda, usava sempre roupas cor-de-rosa e azuis. Era de uma simpatia muito além do que a situação permitia. Cida Costa era simples, afetuosa, meiga, falava baixo. Nunca a vi ser agressiva com alguém, mesmo quando devia. Tinha os olhinhos mais brilhantes da Torre, fazia duas covinhas quando sorria.

Arlete Bendazoli — já falecida, apelidada de Professor Pardal. Estudante de Química da USP, tão alta quanto a Lelé, muito magra, muito branca, usava sempre uma meia contra varizes na perna esquerda, sorridente e também cheia de silêncios. Lutou pelo seu direito de ser reconhecida como a companheira oficial de Rafael de Falco e conseguiu as visitas de casal. Inventora de mecanismos de entrada e saída de notícias e de outros esquemas para burlar a segurança do presídio, todo esse conhecimento não ficou registrado e se foi junto com ela. Arlete também primava por ser uma pessoa generosa, mas, nos primeiros dias, antes de definirem quem faria a visita de casal ao Rafael, esteve bastante desconfiada de mim — afinal, eu era amiga da Idinaura, aquela que, vestindo uma camisola preta transparente, estava presa junto com seu companheiro. Havia muitas situações como essa na Torre. Estar na guerra é aprender a conviver com os afetos e os amores, mesmo que pequenos e por pouco tempo. Na hora em que eles aparecem, deve-se agarrar cada pedacinho de sentimento e viver cada momento, torcendo para que não seja o último.

Arlete Benda tinha a importante função de coordenar os trabalhos manuais com muita autoridade, e tentava de todas as formas fazer com que as pessoas, mesmo as mais desajeitadas, contribuíssem com algum tipo de artesanato, que seria vendido e possibilitaria a compra de ingredientes para a comida comum. Aprendi com ela a fazer crochê e pinga de laranja.

Guiomar Silva Lopes — seu apelido era Guigui Branca. De estatura mediana, cabelos castanhos e curtos, estava sempre sorrindo, fumava o tempo todo, tinha um certo sotaque nordestino, era estudante de Medicina da Santa Casa e foi presa como militante da ALN. Sei pouco sobre sua história, apenas que passou mal e desmaiou numa sessão de tortura. Como a polícia achava que Guigui tinha muita informação a dar e eles sabiam pouco sobre as organizações da esquerda armada, julgaram necessário levá-la para um hospital. Num momento de descuido da repressão, atirou-se do segundo andar da clínica, quebrou a bacia e ficou um tempo internada, depois andando de cadeira de rodas. Quando chegamos na Torre, ela ainda andava apoiada numa bengala. Veio nos conhecer tão logo chegamos, olhou para mim e disse com a maior cara de decepção: "Você que ia morar com o Clemente?"

Idoina — não lembro o apelido dela nem o sobrenome. Estudante de Engenharia ou de Economia, morena, cabelos curtos e castanhos, cortados rente com franja. Tinha sempre os olhinhos arregalados, usava um par de óculos redondos e o nariz estava sempre franzido por causa de uma forte miopia. Suas explicações a respeito das coisas eram sempre minuciosas e acompanhadas de um sorriso do tipo: "Eu não falei?" Lembro-me dela vestida sempre num indefectível *short* preto e um *top* amarelo, só variava o figurino vestindo uma blusa quando estava frio.

Cida Santos — morena, cabelos crespos, mas não muito, carinha de moça do interior (de fato, era da região de Ribeirão Preto). Contava muitas histórias de sua família e do trabalho no campo. Seu pai também estava preso. Era tão discreta que pouco sei sobre ela, apenas que sorria para dentro, sempre de maneira a dizer: "Sou uma moça simples e não me venha com perguntas pessoais." Foi ela quem ganhou a garrafa de champanhe do reco que fazia a ronda, amigo da família dela lá de Ribeirão. Dividiu a bebida

Na Torre das Guerreiras do Presídio Tiradentes ▌

conosco e nos possibilitou um pouco mais de alegria naquele Ano-Novo de 1971.

Luiza Beloque — já falecida, deixou muita saudade. Estatura mediana, cabelos longos, castanhos e fartos, sempre presos numa trança, olhos amendoados e grandes como seu sorriso. Lu gargalhava com frequência. Muito comumente tinha ataques de riso e sua mandíbula se soltava — Guigui é quem a recolocava no lugar. A tarefa da Lu era fazer a nossa socialização na Torre. Minha confiança nela era grande. Era quem eu procurava para esclarecer dúvidas. Ela ocupava a parte de baixo de um beliche (a Lelé ficava na parte de cima) e tinha uma cortina, como se fosse um dossel, pois ela gostava de dormir até tarde e perdia sempre o café da manhã. A gente guardava o pão e o café com leite para ela. Contava muitos causos e referia-se sempre à sua mãe. Só a vi deprimida de fato quando contou o que o seu marido, também preso, havia passado na mão dos torturadores. Nessa ocasião, ela se recusou a sair da cama e a gente fez plantão para convencê-la a comer, tomar banho e se cuidar.

Leslie Denise Beloque — cunhada da Lu. Gazela, segundo a Dilma; Lelé para os outros. Alta como uma manequim, hoje diríamos *top model*, linda, rosto de zigomas salientes, longos e lisos cabelos castanhos, olhos grandes e meio puxados, cara de índia. Garota de silêncios e sorrisos contidos. Lelé não andava, flutuava entre as celas e os beliches. Afetuosa e fiel como uma mãe bugre. Costumávamos brincar que ela era um espírito da grande planície que desceu na Torre

Torre das guerreiras e outras memórias

para nos acalmar. Nunca a vi sair do sério, alterar a voz, gritar. Quando falava, era sempre em um tom abaixo da média. Tinha olhares por baixo das grandes pestanas e enrubescia com as bobagens que, de vez em quando, alguma das mais experientes falava.

Eliana Rollenberg — seu apelido era Bolinha de Neve. Tinha sido presa juntamente com os rapazes da Igreja Metodista que eram apoio da AP. Ela era do celão, mas vivia na Cela 1. Nordestina da Bahia, bem branquinha, com sardas, rosada, alta, cabelos castanhos e longos, bem-humorada. O apelido lhe foi dado em razão de ter chegado na Torre muito magrinha e, como ficava estudando nas madrugadas, não conseguia acordar cedo e perdia a hora do sol. Muito sedentarismo e pouca luz solar a deixaram branquinha e toda redondinha, mesmo não sendo gorda.

Tinha uma filha que apelidamos de Bolinha de Chocolate, pois costumava dizer que ela tinha a pele escura como chocolate. Eliana gostava de contar que, para seu alívio, a sua Bolinha de Chocolate estava morando na Noruega, levada pelo seu irmão, e morava com o pai, que já tinha saído do país. Contava isso e suspirava de saudade. Conversávamos muito sobre as pessoas que ela conhecia da Igreja Metodista.

Também fazem parte dessa galeria algumas mestras nos enigmas e mistérios da Torre que, além de bolarem incríveis planos para a entrada de livros proibidos, bilhetes e cartas, faziam belíssimos trabalhos manuais e medalhões tão lindos que partia o coração quebrá-los. Essas mulheres guerreiras, meus modelos, eram:

Na Torre das Guerreiras do Presídio Tiradentes ∎

Maria do Carmo Campelo de Souza — Carmute, já falecida, era professora doutora e livre-docente do Departamento de Ciência Política da USP, filha de tradicional família de Lorena, no Vale do Paraíba, interior de São Paulo. Tinha sido presa com o apoio da VPR, juntamente com seu marido, o inglês John de Souza. Ao mesmo tempo que lia, traduzindo para nós do francês, o livro *Poder político e classes sociais*, de Nicos Poulantzas, Carmute dava aulas de Ciência Política, proporcionando os argumentos para participarmos dos grupos de discussão. Além disso, ela também alegrava nossos dias, contava casos deliciosos, fazia trabalhos manuais e nos ensinava a jogar cartas. Sabia vários tipos de jogos, inclusive bridge. Havia morado muito tempo na Inglaterra e cozinhava coisas que eu nunca tinha comido antes.

Com ela aprendi, por exemplo, francês para ler os livros de teoria política que ainda não haviam sido traduzidos; teoria política, que entendi com ela que era minha praia; e, delícia das delícias, aprendi a comer frango defumado aquecido com melado de cana e pêssego em calda, acompanhado de trigo integral, na ceia de Natal que passei no presídio. Um luxo para uma proleta que, fora do presídio, na maioria das vezes passava o dia com dois copos de café com leite e um pão com manteiga.

Foi ela quem, no início de 1977, me incentivou a fazer os exames para cursar os créditos do mestrado na Ciência Política da USP. Carmute foi minha orientadora, fiz os créditos, mas não cheguei a apresentar a dissertação, pois não tinha bolsa e precisava trabalhar. Mas um grande benefício tive desses créditos:

todas as grandes figuras que eu admirava da Ciência Política davam aulas na pós-graduação.

Heleni Guariba — outra figura inesquecível e emblemática que também falava, lia e escrevia em francês. Toda família de classe média colocava suas filhas para aprender francês. Era muito chique falar francês. É claro que eu também me sentia um pouco intimidada com tanta sabedoria e chiquê, mas minha admiração e respeito eram bem maiores. O apelido dela era Periquito! Quando a vejo em minha memória, ela está lá: *mingnonzinha*, olhos puxados como oriental, rosto expressivo, cabelo preto, liso, cortado à *la garçonne* na altura da orelha, de calça jeans, sentada na cama de cima do beliche que dividia com a Dilma. Aos sábados, após receber a visita dos filhos e de Ulisses Guariba, seu ex-marido, ficava pensativa e triste. Os dois meninos, muito alegres, brincavam o tempo todo com o Zorba, cachorro da Terezinha Zerbini que vinha visitá-la, juntamente com o general.

De vez em quando, Heleni chorava um pouco e, às vezes, soltava um longo suspiro. Dilma perguntava: "O que acontece, Periquito?" Heleni respondia: "Cultivo meu jardim íntimo, sem ele não sobrevivo." Algum tempo depois, já recuperada e de bom humor, ela contava histórias de quando fez um estágio na França com George Planchon, o suprassumo do teatro moderno na época, ou de quando produziu a peça *Jorge Dindin*, do Molière, no teatro do Centro de Cultura Popular de Santo André. A atriz principal era Sonia Braga, que, como Heleni profetizou, se tornaria uma atriz reconhecida nacionalmente.

Foi a Heleni quem, no dia em que eu deveria comparecer à Auditoria Militar para a primeira audiência no processão da ALN, olhou para as minhas roupas e o meu cabelo e disse: "Você precisa de uma roupa que combine com o seu estilo de menina inocente e simples." Ela arrumou o meu cabelo em uma trança e me emprestou um vestido de princesa: mangas compridas, xadrez, marrom e branco, meigo e puro. Nem minha mãe me reconheceu quando entrei na auditoria pela porta da frente sem algemas e, acreditem, dando tchauzinho para minha família, que lá estava. As pessoas iam para a auditoria algemadas. Eu não. Nunca me algemaram, não me perguntem por quê.

Como uma pessoa como a Heleni, doce, culta, inteligente, corajosa, solidária, é levada para a casa da morte no Rio de Janeiro, assassinada e tem seu corpo desaparecido? Até hoje, algumas vezes acordo chamando por ela. Nunca será esquecida.

Escrever sobre isso faz com que minhas dores congeladas voltem a doer. Ela estará sempre presente na galeria do meu jardim íntimo.

Dilma Rousseff — ela dormia no mesmo beliche em que ficava a Heleni. Alta, magra, com cara de sábia, Dilma olhava para nós com os olhos arregalados. Seu tom de voz era invariavelmente professoral e de comando, mesmo quando a gente não estava discutindo política. Sempre estava com um cigarro nas mãos. Dizia que era muito estudiosa por uma questão de disciplina. O grupo do movimento estudantil ao qual pertencia exigia que seus militantes

Torre das guerreiras e outras memórias

tivessem uma excelente formação teórica. Mas ela tinha algo que na época eu achava muito engraçado, e que suavizava bastante o seu tom de voz: sempre gostou de colocar apelidos. Todas que passaram pelo Presídio Tiradentes, principalmente as que ficaram na Cela 1, receberam apelidos dados por ela. Alguns colavam, outros não. A Carmute acompanhava a Dilma na criação dos apelidos.

Uma vez, Carmute olhou para a Idinaura — sempre quieta e triste, sentada lendo ou fazendo atividades manuais — e disse: "Nossa, você parece um armário de cozinha da Securit, fechadinha, de aço, parece que nada entra ou sai em matéria de emoção." Não pegou. A justificativa do apelido diz, por si só, por que ele não pegou.

Além dessas que ficaram na Torre todo o tempo em que lá estive, havia ainda Jovelina Tonello, de família operária, cujos filhos foram trocados no sequestro do embaixador alemão, em julho de 1970, e Encarnación Lopez Perez. Ambas saíram na troca por ocasião do sequestro de Giovanni Bucher, embaixador suíço. Foram uma forte presença no nosso dia a dia. Já faleceram.

O cotidiano na Torre

As meninas da Torre comemoravam o Natal, o *Réveillon* e o Carnaval. Fazíamos as fantasias, representávamos peças. Quando a Heleni dirigia, o herói, em geral, chamava-se Max ou Jamil; quando quem dava os nomes era da VPR, o herói chamava-se Fernando. Tais nomes faziam referência aos militantes que, segundo a repressão, por terem destaque nas organizações, seduziam as mulheres para a luta

116

Na Torre das Guerreiras do Presídio Tiradentes ▌

armada. Como forma de defesa, aceitávamos o argumento machista da sedução. As atrizes que estavam no presídio ajudavam bastante nos espetáculos. Havia também muito improviso, é claro, e o celão, devido ao seu tamanho, era palco e cenário para as festas e as improvisações.

Um certo sábado, na visita, os funcionários que cuidavam dos documentos de autorização de entradas e saídas — a pessoa que ia fazer a visita entregava a identidade e só a retirava na saída — confundiram minha mãe com a da Maria Metralha. Ao fim da visita, percebi que minha mãe não saía, fiquei por perto e, apesar da insistência do pessoal da carceragem para que eu voltasse à Torre, finquei pé. "Só saio daqui quando minha mãe puder sair." Já começava a escurecer quando o equívoco foi resolvido. Voltei para a Torre encantada com esse meu gesto de rebeldia, estava disposta a me atirar no chão e a só sair de lá arrastada.

Por falar em mãe, tenho outra lembrança nítida: uma cela com dez mulheres dormindo em cinco beliches, todas vestidas com pijamas de bolinhas. Não sei que atávico impulso maternal foi esse nem se foi porque Sampa era mais fria naquela época — além da friagem das celas, apesar do piso de taco —, mas todas as mães levaram para as filhas pijamas de uma marca famosa feitos com malha branca. Cada pijama era estampado com bolinhas de uma cor: amarelo, vermelho, rosa, azul. O meu tinha bolinhas azul-marinho. Era de algodão, fofinho e quente.

Nunca abrimos mão do riso, da alegria e da civilidade como estratégia de sobrevivência, haja vista que, para garantir o moral elevado, o humor era fundamental. Cantar também era nosso costume. Cantávamos o tempo todo: por tristeza, para avisar das novidades, quando alguém chegava, quando alguém saía. As cantorias estavam sempre

❚ Torre das guerreiras e outras memórias

presentes. Cantávamos canções da resistência francesa, dos *partigiani italianos*, da Guerra Civil Espanhola, músicas de protesto latino-americanas, músicas da guerrilha cubana e muita, muita MPB.

Histórias de outras celas

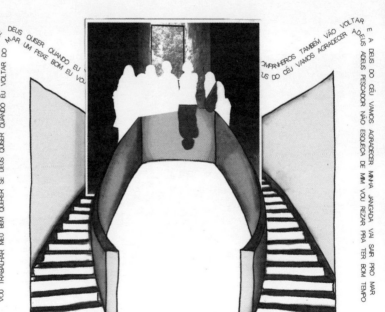

120

Nos nove meses em que estive na Cela 1, além das companheiras citadas anteriormente, também passaram pelo presídio, em outras celas, a Iara Vicini, Maria Vigevani (que estava grávida de quatro meses), Isa Salles, Marili, Maria Nilda, Dudu Barreto Leite, Alice, Elza Lobo, Marlene e outras cujos nomes não lembro e que, por uma razão ou outra — transferência para outro estado, liberação após comparecer à audiência na Auditoria Militar —, saíram logo.

A Barreto não tinha apelido, ou melhor, tinha, mas não é muito delicado dizer qual. Era uma senhora alta, grande, gorda e muito culta. Trabalhava como correio diplomático em Paris quando o Vinícius de Moraes foi embaixador. Sua prisão aconteceu por ter participado da reunião da VPR que contou com a presença de Carlos Lamarca, juntamente com a Tia Damaris e as crianças, filhos de Jovelina Tonello do Nascimento e Manoel Dias do Nascimento. A história mais interessante que ela contava era que seu irmão, ao ser levado até a Oban e interrogado sobre a participação dela em uma reunião com Carlos Lamarca, teria respondido: "Imagina só! Vocês acreditaram nela? Minha irmã adora contar vantagens, imagine se ela tem cacife para conhecer o Lamarca!" Ele não estava *dando migué*, não. Falou a sério. A filha, o filho e os netos da Barreto também foram presos devido a ligações com a ALN. Era uma família ligada ao teatro e à política.

Durante três meses, tive o privilégio de ter como companheira de prisão a senhora Terezinha Zerbini, a Generala, como a chamavam os que partilharam de sua intimidade. Ela era esposa do general Euryale de Jesus Zerbini, de Guaratinguetá, que havia resistido ao golpe militar de 1964. Estava na Cela 2 juntamente com Maria Barreto Leite, pelo menos quando lá cheguei. Era uma das mais velhas, com exceção da Encarnación Lopez Perez, que, a princípio, ficou na cela com Terezinha. Mas, como ela dizia sempre que não aceitava, em hipótese alguma, dividir a mesma cela com uma burguesona, ficou apenas até a chegada de Maria Barreto Leite.

Pessoa difícil, a Encarnación. Quando se estressava, tinha uma asma que nos deixava a todas sem ar e ligava a metralhadora giratória do discurso contra o antigo partidão. Mesmo assim, uma senhora guerreira. Havia acabado de perder o filho, Joelson Crispim, assassinado pela repressão. A filha estava presa, grávida de cinco meses, e o genro, Eduardo Collen Leite, o Bacuri, estava preso, e logo depois seria morto pelo grupo terrorista do delegado Fleury.

Encarnación era uma antiga e histórica militante do PCB e, como Terezinha e Maria Barreto, já tinha passado dos 40 anos. O resto era uma meninada. Algumas, inclusive, ainda eram menores de idade quando foram presas. Ela saiu do Tiradentes no sequestro do embaixador suíço e foi viver na Itália, onde o marido já estava exilado.

Sabíamos que havia algum sequestro em andamento toda vez que a tropa de choque entrava na Torre, mandava a gente ir para o pátio e revistava tudo. Revirava colchões, armários improvisados, malas, bolsas etc. Junto com a tropa, vinha um cachorrinho insuportável, de uma raça minúscula, talvez um chihuahua, que tinha os dentes para fora e latia histericamente, tentando morder as nossas pernas, mas a gente não podia reagir, pois era o mascote da tropa. Sempre quis calar aquele cachorrinho. Até hoje, eu, que tenho dois cães, não suporto nem ouvir o latido dessa raça.

Terezinha, hoje falecida, era uma mulher na casa dos seus 45 anos, branca, cabelos castanhos longos e lisos, sempre num coque puxado no pescoço ou de penteado "gatinho", isto é, com as pontas viradas para cima, enroladas. Sempre sorridente e impecável nas roupas, sua pele brilhava.

Histórias de outras celas

Eu a achava linda. Fazia biquinho quando estava brava, sempre com a repressão, nunca conosco. Tinha uma noção de democracia e direitos humanos muito além da época e era de muita coragem — nunca a vi chorar, pelo menos em público. Seu cachorro, o Zorba, fazia a alegria da gente e dos familiares nos dias de visita. A anistia deve tudo a ela. Sem nenhum problema de consciência, contratava presas comuns para fazerem faxina na cela, manicure etc. e mantinha com elas longas conversas. Ao sair do presídio, apadrinhou presas, ajudando famílias e filhos, assessorando como advogada ou mesmo pagando, do próprio bolso, advogados. Grande figura humana ela era. Fazem falta no mundo mais mulheres assim.

Terezinha não era comunista nem ligada a nenhuma organização ou partido, mas, como católica militante e advogada dos direitos humanos, foi coerente com aquilo em que ela e seu marido — o general Zerbini, do comando militar de Caçapava — acreditavam: o estado de direito, as liberdades democráticas, a permanência de um presidente eleito pelo povo, o respeito e compromisso com a Constituição. Foi presa pela sua ligação com os dominicanos vinculados à ALN e por ter emprestado o sítio de Ibiúna para o Congresso da UNE.

O surpreendente nessa mulher, chamada de burguesona por algumas presas, era a capacidade que tinha de, com poucas palavras, desmontar e emudecer o comandante do Segundo Exército, que foi visitá-la algumas vezes para perguntar se estava sendo bem tratada. O comandante chegava sempre acompanhado de quatro ordenanças, e era acusado por ela, dedo em riste, de ser o comandante da "guarda pretoriana da fome".

Ele ouvia mudo, disfarçava e ia embora. Uma vez, foi-lhe oferecido ir para a televisão, como costumavam fazer os "arrependidos". Terezinha o botou para correr com três

123

pedras na mão, na frente de todo mundo, enquanto Dilma gritava: "Dá-lhe, Terezinha, se precisar, a gente ajuda a pôr pra fora." Até hoje essa coragem ressoa em mim.

Nos três meses que convivemos na Torre com a Terezinha, fomos alimentadas com fartura, pois o sítio do general nos mandava tudo em sacos de 60 quilos: arroz, feijão, muita fruta, frangos e carne. A única comida do presídio fornecida pelo governo era café, leite, margarina e o pão do café da manhã.

Dom Paulo Evaristo Arns também visitava a ala masculina e a Torre, especialmente quando o padre Callegari fez uma greve de fome, em 1970. Fizemos manifestação de apoio a ele, inclusive com a ala masculina. A ideia era impedir que fosse retirado do Tiradentes, levado ao hospital militar e alimentado com soro para depois ser banido do país e devolvido à Itália. Isso, de fato, aconteceu, mas ele voltou e ainda deu muito trabalho para a repressão antes de morrer de causas naturais.

Permaneci na ala feminina do Presídio Tiradentes até 28 de março de 1971, após ter prestado depoimento na Justiça Militar e recebido o alvará de soltura.

Na noite do dia em que fui à auditoria, já sabia que sairia no dia seguinte, logo após o almoço. Estava com tudo preparado para sair, as conversas e recados para entregar lá fora e a sacola com minhas poucas coisas já pronta. A carcereira veio me buscar, mas pedi para esperar mais um pouco. Sem me dar conta da passagem do tempo, quando percebi, a mesma carcereira estava lá dentro, dizendo: "Nunca vi uma coisa dessas. Meu plantão vai acabar e a presa não quer sair? Se não sair antes das seis, só amanhã." Respirei fundo e pensei: "Não tem jeito. Preciso sair." Confesso, tive muito medo de sair, pois temia o que ia encontrar. Tive medo, principalmente, da solidão política, pois pressentia

Histórias de outras celas ∎

que estava acontecendo o extermínio da esquerda como um todo.

Finalmente, as meninas vieram todas para a escada em formato de ferradura, e eu saí, deixando para trás a segurança, a solidariedade, o afeto das meninas da Torre. Nos ouvidos e no coração, a cantiga dos pescadores: "Minha jangada vai partir pro mar, vou trabalhar, meu bem-querer..." Saí. Meu irmão Edmilson estava me esperando na portaria de entrada, já quase indo embora. Afinal, foram mais de 5 horas de espera. A primeira coisa que fizemos a meu pedido foi parar numa padaria e pedir dois cafés no balcão. Significava o cúmulo da liberdade. Fomos para a casa dos meus pais, onde fiquei até encontrar emprego como escriturária na Imprensa Metodista. Minha amiga missionária americana me colocou em contato com estudantes de Teologia do Seminário Episcopal e me convidou para participar de um evento ecumênico em Campinas, no feriado de primeiro de maio de 1971. Meus pais acharam que eu devia ir, era um evento da Igreja, estava protegida.

Nessa ocasião, conheci José Carlos, um estudante de Teologia do Seminário Episcopal e futuro pastor da Igreja Presbiteriana. Dois anos depois, ele se tornou meu companheiro e pai dos meus filhos.

Esse encontro foi para tratar de assuntos como o ecumenismo e o papel da mulher na sociedade, temas que, para mim, recém-saída da prisão, já estavam superados. A Igreja, entretanto, me protegia.

Entreato

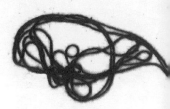

Tão logo saí do presídio, tentei voltar para o curso de Serviço Social, o que foi impossível por meras razões burocráticas. O curso tinha um currículo anual e eu havia ficado nove meses fora, entre julho de 1970 e maio de 1971. Perdi metade do ano que havia cursado, tive que me matricular no segundo ano no primeiro semestre de 1972. Apesar de ser outra turma, todo mundo conhecia a minha história, e, por isso, muitos colegas de classe vieram prestar solidariedade.

Estava tão assustada e perdida fora da Torre que fiquei com medo de procurar alguém que eu soubesse ter qualquer contato com a esquerda organizada.

Procurei as Marlenes, Robin e Daigele, minhas amigas do Instituto Metodista que nunca me faltaram. Moravam no Rio de Janeiro, onde eu era acolhida e abrigada com o carinho de irmãs que se amam. Com elas, passava fins de semana e feriados em longas conversas, mas nunca tive coragem de contar o que de fato havia me acontecido dentro da Oban. Marlene Robin e seu esposo, Delcio Hilton Campante, me colocaram em contato com o Centro Ecumênico de Documentação e Informação (CEDI). Passei a trabalhar como estagiária em alguns projetos do Conselho Mundial de Igrejas. Esse período, entre maio de 1971 e julho de 1972, foi tempo de trabalho e retomada da família. Mantive a percepção de que era melhor levar uma vida comum e reaver o contato com minhas amigas do Instituto Metodista.

Lembro com muita clareza o tamanho do sorriso do Joel e das Marlenes quando me viram pela primeira vez, logo depois da saída do presídio, e depois, quando fui ao Rio de Janeiro. Nem perguntei se podia ir. Eles moravam no bairro das Laranjeiras, no convento e colégio das freiras do Sion. Num apartamento separado do convento e do colégio, funcionava o CEDI.

Torre das guerreiras e outras memórias

Depois do longo abraço, a primeira coisa que Marlene Robin me disse foi: "Aninha, eu me casei e tentei visitar você no presídio na minha lua de mel. Imagine só! Que lua de mel? Não parei de pensar em você um só minuto. Não consegui te visitar, você não me colocou como família, mas eu declarei que era. Que bom que você está aqui!"

Uma boa surpresa: Marlene Daigele, outra amiga do Instituto Metodista, estava morando com eles. Eu, que estava temerosa e assustada, quase não falei, mas recebi carinho e acolhimento. No Rio de Janeiro, eu trabalhava na Imprensa Metodista e passava todo o resto do tempo com minhas amigas. Já namorava o pai dos meus filhos, que também ia ficar com a gente nos fins de semana e se incorporou ao grupo.

Segunda prisão

132

Em 21 de agosto de 1972, fui presa pela segunda vez. Eu estava fazendo uma prova de Sociologia quando, com a colaboração do diretor da faculdade, que mandou o secretário me chamar como se houvesse algum assunto burocrático para resolver, fui tirada da sala de aula. O próprio secretário, para não chamar a atenção, encarregou-se de voltar à sala e pegar a minha bolsa e os meus pertences, mas a estratégia não funcionou. Os meus colegas imediatamente se comunicaram com minha família, que avisou o meu advogado, o Idibal Piveta.

Fui levada de novo à Oban, que havia se transformado em DOI-Codi, onde permaneci por uma semana juntamente com duas outras alunas do curso que, parece-me, eram primas de uma militante procurada e tinham tido algum tipo de contato com Suzana. Por elas fiquei sabendo que Suzana e Cida já tinham saído do país. Não houve tortura física dessa vez, mas fiquei sob forte pressão psicológica, com ameaças de que minha família seria presa. Dessa prisão, lembro muito bem que, num quarto minúsculo com dois beliches na própria delegacia, ficamos eu e mais três conhecidas do curso de Serviço Social. Apenas uma semana. Os interrogatórios foram bem leves em comparação aos de 1970.

Fui de novo interrogada diretamente pelo major Ustra, que me achou com cara de mocinha boba da Igreja Metodista, me entregou um papel com o seu telefone pessoal e me orientou: "Caso a Suzana lhe procure, marque um encontro com ela e ligue para este número. A senha é 'uma moça metodista.'" Nessa ocasião, alguém tinha me dito que ela já tinha saído do país, que estava bem longe, mas não esqueço a sensação ruim que essa tentativa de me fazer trair uma companheira me causou. Eu sabia o que podia acontecer, caso ela fosse presa. Peguei o papelzinho e saí

Torre das guerreiras e outras memórias

de lá. Um grande arrependimento que carrego é não ter tido coragem de cuspir na cara do Ustra, que, a esta altura, espero, deve estar queimando no fogo do inferno.

Respondi também a perguntas da equipe de interrogatórios sobre pessoas cujos nomes, mesmo que fictícios, não guardei. Queriam saber por que eu não havia falado de Gabriel e Percival. Contei que não sabia muita coisa sobre o Gabriel, mesmo ele tendo ido à minha casa para uma festa, nem do Percival, que eu conhecia do movimento estudantil. Como na primeira prisão nada haviam me perguntado sobre o Percival, nem sabia que ele era ligado a algum grupo. Portanto, pude afirmar apenas que eram do movimento estudantil e alunos do curso de Direito. Respondi mais algumas perguntas sobre onde encontrar Suzana (a respeito de quem eu nada sabia), onde eu morava, o que fazia, qual era o meu local de trabalho, e saí após a conversa com o Ustra.

As lembranças dessa prisão são meio nebulosas — não sei como foi que saí, apenas sei que, quando dei por mim, estava na Câmara de Literatura Evangélica onde trabalhava, contando essa história e explicando por que havia faltado uma semana sem dar explicação. A minha amiga me acolheu e avisou minha família para ir me buscar.

Logo que me desvencilhei dessa segunda prisão, pude voltar para a faculdade e passei em uma seleção para ser estagiária no Instituto Nacional de Cooperativas Habitacionais de São Paulo (Inocoop-SP), ligado ao Banco Nacional de Habitação. Essa instituição tinha um dos estágios mais concorridos na época, porque, além da formação que oferecia, a área habitacional era um espaço institucional onde se podia fazer trabalho de comunidade dentro de uma perspectiva crítica do Serviço Social. Além disso, era um estágio remunerado, pagava uma bolsa de dois salários mínimos

Segunda prisão

e oferecia a oportunidade de trabalhar com a população inscrita nos planos habitacionais das cooperativas de trabalhadores ligados ao sindicato.

Achei importante contar para as supervisoras que havia sido presa e por que naquele momento não tinha interesse em me ligar a nenhum grupo político. Fui aceita e pude trabalhar em algo que gostava. Foi nessa ocasião que conheci Maria Beatriz de Castro Nunes Pereira, a Tixe, de quem fiquei muito amiga.

Além de me manter com a bolsa, eu conseguia pagar a faculdade. Foi um período relativamente calmo. As minhas supervisoras de estágio, Kleyd Junqueira Taboada e Maria Lucia Pinho, a Maucha, eram assistentes sociais do bem, com uma formação profissional comprometida com a população. Além de oferecerem um excelente trabalho profissional, eram pessoas preocupadas com o que acontecia no país. Mesmo conhecendo a minha história de prisão, me ofereceram um estágio com a comunidade e se preocuparam com a minha formação profissional e a minha segurança.

Fiquei trabalhando com um grupo de adolescentes de um conjunto habitacional de São Paulo até ser presa pela terceira vez.

Terceira (e última) prisão

2 - ANA MARIA RODRIGUES RAMOS ("SÔNIA" "ASTRID...") brasileira, soltei-
ra, filha de Pedro Duarte Ramos e Iracy Rodrigues Ramos, nascida -
em 12 Set 48, em Maceió - Alagoas apresentou-se expontaneamente dia
18 Mai no DOI/CODI/II Ex ao saber que estava sendo procurada.

Declarou que já esteve presa no DOI/CODI em 1970 e em 1972. Em 1970
foi presa por implicações com ALN, tendo sido julgada e absolvida,
permanecendo, porem, oito meses no Presídio Tiradentes.

Em 1972 (agosto) esteve presa para averiguações no DOI/CODI, sendo
liberada após 4 dias.

Através pedido de IDINAURA APARECIDA MARQUES, conseguiu com seu namorado JOSÉ CARLOS ESTEVÃO, remédios (antibióticos e vitaminas) que
seriam entregues a GABRIEL PRADO MENDES.

Informou ainda que o Grupo Independente era composto do casal GABRIEL
PRADO MENDES e TANIA RODRIGUES MENDES, que foram expulsos da ALN e
não concordavam com a linha política do MOLIPO e por isto criaram o
GI. //
//

OBSERVAÇÃO: ANA MARIA foi liberada em 08 Jun 73.

O DESTINATÁRIO É RESPONSÁVEL
PELA ...
DOCUMENTO (...)
Regulamento para Salvaguarda de
Assuntos Sigilosos)

CONFIDENCIAL

138

Em 14 de julho de 1973, fui presa pela terceira vez.
Logo após sair da Torre, no fim de 1971, minha amiga Idinaura encontrou emprego numa grande empresa seguradora. O chefe dela era uma pessoa bastante compreensiva e gentil. Às vezes, ao sair do trabalho no Inocoop, na hora do almoço, eu costumava me juntar a eles na Praça da República, onde almoçávamos juntos no Um, Dois, Feijão com Arroz, antigo restaurante popular que existia por lá.

Numa sexta-feira de 1973, lá fui eu até o escritório da seguradora para o nosso encontro semanal, e ele, muito pálido, me chamou em sua sala, fechou a porta e perguntou: "Você sabe por que a polícia veio buscar a Idinaura hoje pela manhã?" Soco no estômago e sensação de gelo na barriga. Disfarcei como pude, disse que não fazia ideia e que precisava sair rápido para buscar notícias com a mãe dela, que trabalhava ali perto.

Meu instinto de sobrevivência gritou alto. Não voltei para a casa da minha família na Vila Souza, onde estava morando. Liguei para a marcenaria do meu pai, avisei que não ia dormir lá e pedi a ele que, no dia seguinte, trouxesse umas roupinhas para mim na caixa de ferramentas com a qual ele sempre andava. Por intermédio da pessoa que trabalhava com meu pai, soube que ele estava muito preocupado comigo, pois tinha ido gente lá em casa me buscar e havia sempre alguém por perto, esperando que eu chegasse. Faziam terrorismo, tocando a campanhia durante a madrugada e perguntando por mim.

Naquela noite e nas duas seguintes, dormi na casa de minha supervisora de estágio e avisei sobre o que estava por acontecer às pessoas que me conheciam. Logo depois que saí de lá, fiquei uma semana escondida na casa de uns tios por afinidade, da Igreja Batista, na zona leste de São Paulo. Ele era guarda civil, trabalhava como guarda de trânsito, e

Torre das guerreiras e outras memórias

minha tia estava preparando o casamento da filha, minha amiga de infância que, por coincidência, ia se casar com um pastor. Eles acharam esquisito eu aparecer de repente para ajudar no casamento, mas aceitaram minha ajuda com muito carinho. Hospedaram-me, não fizeram perguntas e me deram colo.

Quando me lembro dessa semana, me volta a mesma sensação de estar em outro planeta. O meu cotidiano estava suspenso, parecia-me estar vivendo em outra realidade, falava-se o tempo todo em enxoval, camisola do dia, ou melhor, da noite de núpcias, docinhos, lua de mel. Minha amiga chorava de nervoso enquanto fazíamos bolo e pre-parávamos as batatinhas em conserva para a festa. Foi tudo tão surreal que, às vezes, me pergunto se eu existia, se tudo isso aconteceu mesmo ou se estava vivendo em outra dimensão do espaço-tempo. Não, eu não sonhei. Existem fotos do casamento e o meu depoimento para o DOI-Codi dizendo onde havia me escondido naqueles dias.

Logo após o casamento, resolvi que precisava voltar para o meu mundo e procurar um lugar para ficar onde pudesse ter notícias, saber o que estava acontecendo e deci-dir o que fazer da minha vida.

Depois de avaliar várias alternativas, resolvi: fui para a casa da Tixe, a boa, íntegra e generosa Maria Beatriz de Castro Nunes Pereira, aquela que Brecht descreve como a que sempre tem a sopa pronta para alimentar e aquecer os filhos que chegam da luta. É incrível a quantidade de mulheres guerreiras de todos os tipos que deram apoio à minha sobrevivência. Essa linda mulher sempre me cha-mava de Aninha e me lembrava de que eu era sua pequena órfã. Eu trabalhava no Inocoop quando a conheci. Ela, como escriturária em São Paulo, no conjunto residencial do Butantã. Logo nos percebemos como pessoas de confiança

Terceira (e última) prisão ▮

e de esquerda. Tixe, mãe de cinco filhos pequenos — a mais velha tinha 12 anos e o mais novo, 5 —, era viúva de um jornalista famoso, o Nunes, e trabalhava incansavelmente para manter os filhos e ajudar os amigos presos.

Apareci na porta da casa dela, numa das vilas do bairro de Pinheiros, carregando uma sacola minúscula com as minhas roupas. Naqueles tempos, até andar com mala grande era complicado, e, além disso, eu quase não possuía roupas, sapatos nem muitos objetos de uso pessoal. A polícia havia sumido com todos os poucos pertences que eu tinha, principalmente os livros, na primeira vez em que fui presa. Depois não tive grana para comprá-los de novo, e andar com o mínimo possível facilitava muito as coisas. De verdade, não sentia falta deles.

Após tocar a campainha, Tixe veio abrir a porta e disse: "Meninos, chegou a pequena órfã! Lembram-se do romance que a mamãe lia para vocês?" Acho que eu tinha cara de pequena órfã mesmo. Longe da minha família, eu estava sem dinheiro e sem a perspectiva de retornar a qualquer lugar; estava perdida num mundo onde a esquerda havia sido destruída, meus amigos estavam desaparecidos, mortos ou presos. Nunca senti tanta solidão na minha vida. Procurar meu namorado seria um perigo para ele.

As cinco crianças — três meninos e duas meninas — pareciam compreender tudo. Não faziam perguntas, ficavam à minha volta quando chegavam da escola, tentando me fazer menos triste. Estavam acostumados com as visitas que ficavam muitos dias, sem nome, só apelidos. Logo que chegavam, eles me levavam para o quartinho de empregada, nos fundos, e me faziam companhia. Quanta culpa sentia por ficar expondo aquela família ao perigo de abrigar uma "terrorista".

Torre das guerreiras e outras memórias

Tixe escrevia a seção "Maria Beatriz Responde", da revista Capricho, uma revista feminina de fotonovelas com grande circulação na época. No quartinho dos fundos, ficava uma montanha de cartas que chegavam, pedindo conselhos para questões amorosas e afetivas. Ela lia as cartas, selecionava as que deveriam sair na página da revista e respondia todas. Dava conselhos, oferecia ajuda, colaborava com sugestões para melhorar a autoestima daqueles que precisavam. Enquanto fiquei escondida lá, ajudei lendo algumas cartas, assim como a família toda ajudava colando envelopes e selos para enviá-las pelo correio.

De novo, a sensação de estar em outra dimensão, só que, dessa vez, havia visitas que me traziam informações e podíamos conversar sobre vários assuntos com as crianças. Mas estar escondida da polícia, lendo cartas de amores perdidos ou não resolvidos e ouvindo o papel contando as tristezas e o desespero da vida cotidiana daqueles que escreviam para a coluna da Tixe, provocava uma fratura entre o mundo real, o afetivo e o curso da História. As cartas me traziam de volta ao individual, ao sofrimento diário, sem rosto, de milhares de pessoas meio que à deriva, como eu.

Fiquei na casa de Tixe por 15 dias até criar coragem para voltar para a casa de minha família e encontrar uma solução para o problema. Meu pai, não aguentando a pressão psicológica, sugeriu que eu me apresentasse, junto com ele e acompanhada do dr. Airton Soares, advogado do mesmo escritório do Idibal Piveta, que também havia sido preso, ao DOI-Codi, pois não havia outra alternativa.

Não podia sair do país. Minha família era pobre, não tinha recursos nem esquemas, todo mundo estava morrendo ou saindo do Brasil e não havia nenhuma razão para ficar na clandestinidade. Até hoje, mais de quatro décadas depois, tenho em meus olhos a cena em que meu pai,

142

Terceira (e última) prisão ▮

chorando, enfrentou o brutamontes que veio abrir o portão: "Ela veio, mas quem vai ficar preso sou eu!"

O comandante — acho que se chamava Pacca — conversou pessoalmente com ele e garantiu que não haveria nenhum tipo de tortura nem constrangimento, e que eles só queriam fazer algumas acareações comigo. Resposta do meu pai: "Isto não é lugar para onde se traga uma filha! É bom cumprir a sua palavra, pois o reverendo João Parahyba, da Igreja Metodista e do Conselho Mundial de Igrejas, está acompanhando a prisão em Genebra." Isso veio a se tornar verdade, mas, naquele momento, ainda não era.

Essa terceira vez foi mais difícil que a segunda. Eu sabia, através de algumas pessoas que lá estiveram antes de mim, do assassinato de militantes que nem tinham chegado a ser presos. Entre eles, dois militares. Muita gente estava lá, principalmente o pessoal ligado à ALN, que tinha se tornado Molipo, estudantes da USP e do grupo de teatro União e Olho Vivo, do advogado Idibal Piveta.

Minha memória guardou a figura da Tânia, branquinha, baixinha, cabelos castanhos, olhos azuis, estudante de Biblioteconomia, cujo marido, Gabriel, estava com um câncer linfático e preso também. Na janela de sua cela, como declaração de amor a Gabriel, que estava na cela em frente, Tânia cantava, entre outras músicas, *Silêncio no Bixiga* e *Calabouço*. Sua voz era muito, muito suave. O DOI-Codi fazia silêncio para ouvir a Tânia cantar.

Certa vez, perguntei: "Por que você canta?"

Resposta: "Assim ele me ouve e sabe que estou bem."

Hoje, o Gabriel já morreu, o câncer o levou, mas esse era um amor digno de figurar em antologia.

O motivo da minha última prisão foi a acusação de termos ligação com o Molipo, grupo criado clandestinamente por vários retornados de Cuba e que pretendia dar

Torre das guerreiras e outras memórias

sustentação à guerrilha. A maioria deles já havia sido assassinada pela repressão. Dessa prisão, saímos eu e Idinaura em setembro de 1973, mais precisamente na Semana da Pátria.

Minha mãe e meu irmão mais novo foram levar itens de uso pessoal para mim e minha amiga. O guardinha que estava na porta pediu para eles esperarem um pouco. Passado um tempo, ele voltou trazendo a mim e a Idinaura encapuzadas. Mandou que tirássemos o capuz, sorriu e disse: "Não precisa das coisas! Leva as meninas! Está feliz, mãe?" De lá, fomos direto para o escritório de Airton Soares, advogado que estava substituindo Idibal Piveta, e depois para casa.

Ao escrever essa cena, contada de acordo com a memória do meu irmão, tenho a mesma sensação de conforto que senti ao ver o rosto de felicidade deles. Minha mãe, que nunca foi de demonstrar afeto fisicamente, quase me pegou no colo com o abraço que me deu. Ela e meu pai choraram de alegria quando chegamos em casa.

Sem fala no exílio

Quando saí pela terceira e última vez da prisão, onde havia passado um mês, era Semana da Pátria. Fui passar o fim de semana em Caraguatatuba, na casa dos meus futuros sogros, que queriam me conhecer.

Eu já namorava o pai dos meus filhos, que foi chamado ao DOI-Codi, onde passou algumas horas, tendo sido liberado logo em seguida. Inclusive, ele foi levado para me ver na cela. Eu me dei conta de que, enquanto alguém da esquerda que tivesse feito algum contato comigo, mesmo que não fosse por militância, fosse preso, eu seria sempre chamada para fazer as acareações e para checar os depoimentos.

A essa altura, eu já sabia algo que era bem evidente desde a primeira prisão: a esquerda (armada ou não) não só não ganharia a guerra, como continuaria caindo presa; a única forma de escapar era saindo do país ou morrendo. Pela primeira vez, eu me desesperei. Não podia sair do país, não tinha como: família pobre, amigos pobres, ALN e Molipo desmanteladas e eu, queimadíssima. Nem poderia procurar alguém que me ajudasse a sair do país. Esta hipótese nem passava pela minha cabeça. E, principalmente, não queria morrer.

Às vezes, o desespero pode ser um bom conselheiro. Graças ao meu instinto de sobrevivência, exacerbado após passar pela primeira prisão e pela tortura, descobri ter recursos que nem sequer imaginava. Nessas horas, voltar ao que o passado tem de bom é sempre aconselhável. Fui buscar refúgio na Igreja Protestante, tendo sido muito bem acolhida pela Missão Presbiteriana, através do reverendo Jaime Wright e de Jether Ramalho, diretor-executivo do Centro Ecumênico de Documentação e Informação, o CEDI, ao qual eu e meu então namorado, estudante de Teologia e futuro pastor da Igreja Presbiteriana, nos filiamos. O

▌Torre das guerreiras e outras memórias

CEDI, seus funcionários e associados, meus amigos da ala do bem da Igreja Metodista, foram o colo que possibilitou a muita gente continuar viva e militar dentro dos limites então estabelecidos.

O CEDI foi o antecessor das ONGs. Era mantido pelo Conselho Mundial de Igrejas (CMI), atual Comunidade Ecumênica de Igrejas (CEI), e sua sede era em Genebra. Oferecia bolsas no Instituto Ecumênico para o Desenvolvimento dos Povos (Inodep-França) para formar em Paris, em seis meses, líderes comunitários da América Latina.

Quando José Carlos recebeu essa bolsa, deixou claro que não ficaria longe do país por tanto tempo, me deixando correndo riscos. Fincou pé: "Só vou se ela for!" Após lerem meu currículo e com a recomendação do rev. Jaime Wright, eles me concederam uma bolsa também, mas a passagem corria por conta do bolsista. Os meus sogros se dispuseram a pagar a minha passagem com uma condição: casamento no civil (com mudança de sobrenome, para tirar passaporte já no nome de casada, o Estevão, que conservo até hoje e já faz parte da minha identidade) e no religioso. O casamento aconteceu no dia 6 de janeiro de 1974 na Igreja Anglicana da Avenida Santo Amaro, e foi celebrado pelo rev. anglicano Jacy Maraschin, pelo Manuelão, um pastor presbiteriano de uma igreja de Osasco — ele era um homem grande, negro, com um sorriso gigante e uma voz de trovão, filiado ao Partido Comunista — e por dom Estevão Benjamim, frade beneditino, uma sumidade em termos de cultura. Um detalhe: na cerimônia, os dominicanos Romano, recém-saído do Presídio Tiradentes, e Paulo César Loureiro Botas cantaram *Andança* sentados no chão da igreja.

Assim, foi um casamento meio *hippie*, sem vestido de noiva e sem marcha nupcial, os quais, francamente, não me fizeram nenhuma falta, pois nunca tive essa pretensão,

148

Sem fala no exílio ∎

bem comum às jovens dos anos 1970. Saímos da igreja e fomos direto para o Aeroporto de Congonhas pegar o avião para Paris. A tensão e o medo nos seguiam. Após algumas horas de voo, quando o comandante anunciou "Senhoras e senhores passageiros, acabamos de sair do espaço aéreo brasileiro", muita gente aplaudiu. Parece que não éramos só nós que estávamos apreensivos. Outros nove meses intensos.

Fomos morar no bairro 14ème, em frente ao Parque Montsouri, local onde Lenin costumava passear com seu gato. Descobri, então, que ter assistido às aulas de francês com a Carmute foi de muita utilidade. Foi também ali que fiquei sem conseguir falar sobre política em português.

Chegar à França foi muito especial não só pela percepção de que aquilo que estava acontecendo era quase impossível de acontecer com alguém proleta como eu, mas também porque havia eleições presidenciais. Foram as primeiras que vi na minha vida com liberdades democráticas: o general Charles de Gaulle estava deixando a presidência. Os candidatos eram Giscard d'Estaing, do partido de situação (direita), e François Miterrand, socialista. Lembro-me bem da primeira página do *Le Monde* no dia seguinte ao da apuração das urnas: na foto, em primeiro plano, Giscard d'Estaing, presidente de 51% dos franceses, e, ao fundo, partida ao meio, a cadeira presidencial.

Todos os exilados da América Latina estavam lá. Os últimos a chegar foram os chilenos. Fomos a um show do grupo musical chileno Quilapayún, que escapou de ser preso no Estádio Nacional do Chile, local onde prendiam, torturavam, faziam desaparecer e assassinavam os milhares de chilenos considerados subversivos por ousarem apoiar o socialista Salvador Allende, recém-eleito presidente da República. Escaparam do terror de Estado porque

Torre das guerreiras e outras memórias

estavam fazendo uma turnê pela Europa quando Salvador Allende foi assassinado após o bombardeio do Palácio de La Moneda. Não retornaram ao país e pediram asilo na França.

Ainda escuto o choro da plateia e dos cantores quando, ao final do show, todos em pé, fizemos um minuto de silêncio pelos que tinham sido assassinados no golpe militar chileno. Um menino, talvez de 4 ou 5 anos, escanchado no ombro do pai, não conseguindo fazer esse minuto de silêncio, gritava: "El pueblo unido jamás será vencido." Choramos pela América Latina.

O clima era de debates e muita, muita discussão entre todos os exilados brasileiros. Imagino que entre os de outros países também. Ainda sinto uma certa nostalgia quando me lembro dos militantes do Haiti, todos muito bem formados na Europa, negros como ébano, maoístas, filhos das famílias ricas que haviam negado suas origens de classe. Numa das reuniões deles a que pude assistir, discutiam como montar um alfabeto para poder ensinar seu povo a ler em crioulo. Caramba, pensava, fazer uma revolução tendo que começar pelo alfabeto é uma tarefa insana. Admirei-os, mas me bateu muita tristeza.

Perdíamos inúmeras aulas do curso do Inodep para participar desses debates, participação essa que não era estimulada pela direção, até que uma vez o professor Paulo Freire, presidente da instituição, e sua esposa, Elza, foram fazer umas palestras para nós.

Ao ver Paulo Freire, chorei de saudades dos meus pais. A figura dele lembrava a minha família, com seu sotaque nordestino carregado e a recusa em deixar de ser brasileiro. Demonstrava um sofrimento atroz por estar longe de seu povo. Contava que seu consolo eram os convites que recebia para organizar o sistema de alfabetização, ensinando o seu método em vários países do mundo,

Sem fala no exílio

principalmente na África. Seus olhos brilhavam quando dizia: "Imagine só, uma das palavras geradoras em Angola é matuta, assim como na nossa terra!"

Seu carinho pelos brasileiros exilados na França fazia com que nos sentíssemos especiais. Tão logo me conheceu, recém-chegada do Brasil, com minha cara de nordestina e minha tristeza por estar longe da família, não teve a menor dúvida: perguntou-me se tinha trazido arroz, feijão e farinha, disse que sim e que tinha, inclusive, carne seca.

Não resisti e atrevidamente me ofereci para fazer o almoço. Imagine só, eu, na cozinha comunitária do Inodep, no bairro 14ème de Paris, cercada pelos outros estudantes, cozinhando para o professor Paulo Freire e sua esposa. O almoço foi servido no nosso microapartamento, onde conversamos horas sobre tudo, fazendo principalmente uma avaliação sobre a direção do Inodep, que não nos deixava assistir às dezenas de palestras, debates e discussões entre os exilados latino-americanos no horário das aulas. Paulo Freire, que não dispensava uma soneca após o almoço, ficou dormindo, e nós fomos para a aula, cujo professor era ele mesmo. Para nossa alegria, meu almoço conquistou a sua simpatia e a declaração pública de que o contato entre os alunos do Inodep e os militantes no exílio devia ser estimulado, pois tínhamos muito a aprender com eles.

Essa proximidade com o mestre Paulo Freire foi um grande aporte de conhecimento e humanidade. Ele havia recém-chegado dos países africanos de língua portuguesa. Também havia sido convidado para ser ministro da Educação de países que, pouco antes, tinham se libertado do colonialismo português, mas não aceitara, pois sua missão principal era no Brasil. Ouvíamos histórias incríveis de amor e de esperança através dos processos de alfabetização. Foi nessas conversas que ouvi pela primeira vez a expressão "sala de aula embaixo das árvores". Encantei-me com a ideia, o Brasil ainda tinha muito de rural.

Na década de 1970, a quantidade de exilados de países latino-americanos na Europa, mais especificamente em Paris, oferecia uma grande oportunidade para estabelecer laços entre essas nações. Fazendo o curso do Inodep, havia gente de todos os países da América Latina, alguns soldados do glorioso Exército de Libertação Argelino e uma operária suíça trotskista radical que pertencia a um partido de extrema esquerda.

Passamos a semana da Páscoa na casa dela, na cidade de Delemont, no Cantão de Jura, quase dentro dos Alpes, na franja da montanha, como eles mesmos diziam. Em sua casa na montanha, os pais dela trabalhavam para uma famosa fábrica de relógios. Fomos conhecê-los. Com uma lupa poderosa, pequenas pinças, minúsculas peças e uma caixa repousada sobre os joelhos, eles montavam os relógios um a um, às vezes levando uma semana inteira para finalizar o trabalho. Ao ver o processo, entendi por que esses objetos são tão caros e por que, como apregoavam os trotskistas, era necessário um sindicato forte. As dores na coluna e a cegueira que os mais velhos na profissão sofriam diziam muito sobre as condições de trabalho. Descobri também que a Suíça não é só chocolate e vacas pastando: tem exploração capitalista e muita luta política.

Ainda no exílio, eu e Zé Carlos passamos cinco dias em Roma, logo depois da Páscoa. Um padre dominicano — não lembro o nome dele, só lembro que era um dos fradinhos que inspirou o Henfil, do jornal O Pasquim — pediu que fôssemos levar uma máquina de escrever e alguns manuscritos para o padre Zamagna, também dominicano. Ele trabalhava no Vaticano e ajudava a traduzir a *Bíblia de Jerusalém*. Ambos eram grandes sumidades em línguas antigas e

Teologia. Nem me perguntem o que estava escrito no texto, só me passou pela cabeça a possibilidade de ganhar uma viagem a Roma. Eu fui de trem e Zé Carlos, de carona. Sairia bem mais barato, tínhamos pouca grana. A hospedagem foi numa pensão simples, perto do Trastevere e subsidiada pelo Colégio Pio Brasileiro. Combinamos tudo para chegar ao mesmo tempo. Foi uma semana incomum em Roma, pois aconteceram diversas manifestações, e numa delas, na Piazza Navona, ficamos até o fim. Quando a praça escureceu, permaneci sentada num banco, sozinha, refletindo sobre o exílio e com saudades de casa. Foi quando vi ao longe uma figura masculina caminhando sozinha. Logo a reconheci: era Chico Buarque. Tive vontade de sair correndo e tietá-lo, mas não tive coragem. Permaneci imóvel, curtindo o momento.

A viagem de volta da Itália durou 12 horas. Eu e Zé Carlos voltamos juntos de trem, tendo apenas algumas liras e dois chocolates. No banco à nossa frente, sentou um casal já de alguma idade: ele, pequeno, calado, mas sorridente; a esposa, uma típica mama italiana, falante, seios fartos e rosto rosado. Ambos estavam vestidos de preto. Irradiavam afeto e transbordavam calor. Tinham ido ver o papa e estavam voltando para sua terra. Iam descer antes da fronteira com a França.

Quando a fome apertou, pegamos o chocolate e oferecemos a eles, mas ela percebeu a nossa condição, abriu um grande farnel e insistiu que aceitássemos. Na cesta, dentro de um garrafão, tinha até vinho. Dizia-me: "Você é muito magra, precisa comer." Comemos bem. Como eu não conseguia dormir depois da refeição, ela me perguntou qual era o problema, e eu disse que meus pés estavam gelados. Nunca esqueci o que aquela senhora fez: mandou-me tirar o sapato, pegou meus dois pés e os colocou no colo, perto

Torre das guerreiras e outras memórias

dos seios. Não chorei, mas tive vontade. Sempre que estou descrente da espécie humana, lembro-me dessa senhora e do meu choro sentido quando eles desceram do trem, como se a humanidade inteira estivesse indo embora.

A diversidade política e cultural era um dado de realidade. Tive a oportunidade de conhecer alguns militantes operários que tinham participado da histórica greve da maior e mais importante metalúrgica brasileira na época, a Cobrasma, em Osasco, na Grande São Paulo, realizada com a ocupação da fábrica. Falo especialmente de um casal, a Ana Baixa e o Roque. Eles estavam exilados na Suécia e tinham se mudado para Paris. A maioria das pessoas que conheci no exílio voltou depois da anistia, em 1979. Foi nesse tempo que fiquei muda em público. Não conseguia dizer palavra, nem mesmo quando fui convidada para ir a uma festa em homenagem ao Régis Debray, o autor que desenvolveu a teoria do foco e da guerra de guerrilhas. Que decepção! Ele já estava começando a mudar de opinião em relação aos métodos revolucionários, e eu, muda! Perdi a chance de discutir com o Régis Debray, pode?

Sentia-me uma coruja: não falava, mas prestava muita atenção. Sempre que queria me inscrever para falar alguma coisa, e eu tinha muito a dizer, minha garganta travava. Era como se tivesse uma mordaça e ressoassem todos os alarmes do meu inconsciente. Esforçava-me, revia o fluxo das ideias e me retorcia intimamente, escrevia o que queria dizer, acusava-me de ser boba, medrosa, dizia-me: "Coragem! Não tem nenhum problema. Existe o Oceano Atlântico entre você e a repressão." Mesmo assim, o bloqueio continuava.

Apesar dele, descobri que Eliana Rolemberg mandou recado dizendo que queria me ver. Ela havia sido uma companheira da Torre das Guerreiras, e seu apelido era Bola de

Neve. Estava morando na França com o marido e a filha, que tinha vindo da Noruega. Fomos eu e José Carlos jantar na casa dela, no Boulevard Masséna. Foi um encontro comovente, como eram todos os encontros entre os exilados. Nós nos visitamos várias vezes, a casa dela era meio que um centro de acolhimento de ex-presos políticos que passavam por Paris. Foi lá que conheci o velho Arruda, grande figura que, num dos almoços, ficou contando histórias de sua visita à China. Mas eu gostava mais de sua esposa, Joana, uma artista famosa, mulher linda e quieta que irradiava luz. Nessa ocasião, eu estava vestida com uma camisa nova que tinha comprado no Marché aux Puces, o Mercado das Pulgas. Era listrada de azul e com ombreiras. Arruda olhou bem para minha roupa e disse, no tom de voz mais afetuoso do mundo: "Minha filha, não use essas roupas feitas por afeminados. Eles querem que todas as mulheres se pareçam homens!" Sorri e não disse nada.

Em outra ocasião, soube por alguém que frequentava a casa do Boulevard Masséna que havia um pessoal da ALN que estava propondo uma autocrítica da organização e chamando todos os militantes, inclusive o apoio, para participar da discussão. Esse grupo se autodenominava Tendência Leninista da ALN, e me passaram um ponto de encontro no metrô Les Gobelins. Devia levar comigo, bem visível, um exemplar do jornal *L'Humanité Dimanche*. Lá fui eu, morrendo de medo. Ao chegar ao local, quem estava lá era Carlos Eugênio, o Clemente. Foi um reencontro histórico para mim, ficamos horas conversando. Não chorei, era só alegria.

Os ataques de mudez aconteciam várias vezes por semana até que me convenci de que deveria falar apenas quando me fosse possível. Ainda hoje, sinto certo descompasso na hora de apresentar minhas opiniões políticas em

Torre das guerreiras e outras memórias

público, mas sempre que é preciso, imagino estar em sala de aula, e as ideias fluem. Porém, faço o que posso para não discursar em palanques de manifestações. Quando me chamam, sempre digo que há pessoas que podem fazê-lo melhor. O exacerbamento do meu instinto de sobrevivência e a mudez perante grande público são marcas deixadas pela tortura e que trago até hoje.

Lembro-me de que nosso retorno ao Brasil se deu via Portugal, onde permanecemos 15 dias, alojados numa pousada simples, no bairro alto de Lisboa. A Revolução dos Cravos havia acontecido em abril. Nossa chegada se deu ao fim de agosto, mas ainda encontramos um clima de euforia nas ruas de Lisboa. Soldados dançando nas praças, manifestações, bandeiras vermelhas nas janelas da Alfama dos Marinheiros. O país vivia uma explosão de liberdade após se desvencilhar de uma ditadura que havia durado mais de 50 anos.

No voo de Paris a Lisboa, voltamos juntamente com o time da seleção brasileira, que, após uma derrota acachapante na Copa do Mundo de 1974, regressava para casa. A cara do João Saldanha, sentado na fileira ao meu lado, já meio alcoolizado, é inesquecível, ainda mais quando ele dizia, em alto e bom som: "Portugal se livrou da ditadura, agora falta o Brasil!" Eu tremia de medo por ele.

Chegando ao Brasil ao fim de 1974, fui trabalhar em alguns projetos do então Conselho Mundial de Igrejas numa paróquia de padres operários de Osasco e na Igreja Presbiteriana de Vila Yolanda. Foi um tempo em que pude aproveitar a razoável bagagem de leituras feitas na França, que iam desde Althusser até a escola de Frankfurt, passando por Gramsci. Essas leituras me possibilitaram compreender a importância de trabalhar os conceitos de sociedade civil e de participação social, me ajudaram a militar como coordenadora de um Clube de Mães da Igreja Presbiteriana de Vila Yolanda, em Osasco, onde o meu marido era pastor. Já havia começado a política de distensão lenta, gradual e segura do Ernesto Geisel.

Lembro-me de que, ao escrever o meu Trabalho de Conclusão de Curso, cujo tema era participação social e sociedade civil, comparei os fios da sociedade civil brasileira aos fios de Ariadne, aquela heroína grega que entrega uma linha a Teseu antes de ele entrar no labirinto do Minotauro. Foi esse fio que garantiu que Teseu encontrasse o caminho de volta a Ariadne, após lutar e vencer o Minotauro. Era assim que me sentia em 1976. Precisava urgentemente achar os fios que me ligavam às transformações sociais tão necessárias e aos movimentos da sociedade civil que estavam despertando, mesmo que de maneira tímida, sutil. As pessoas ainda tinham medo. As feridas todas estavam à flor da pele, principalmente as minhas.

O trabalho de implantação do Clube de Mães foi feito com os militantes da Ação Católica Operária, e aconteceu sob a proteção do reverendo Jaime Wright (da Missão Presbiteriana do Brasil Central), do CEDI e de seu diretor, Jeter Ramalho, um dos ícones da resistência à ditadura militar, juntamente com o então arcebispo de São Paulo, Dom Paulo Evaristo Arns. Muita gente teve a vida salva pela coragem e persistência dessas grandes figuras humanas. Jaime Wright procurou incansavelmente pelo irmão, Paulo Stuart Wright, deputado cassado e desaparecido após ser preso. Jaime morreu sem saber a verdade sobre o que havia acontecido e sem ter o direito de enterrar o próprio irmão.

Devo às igrejas cristãs, protestantes e evangélicas muito mais que o aprendizado de valores, como a solidariedade necessária à sobrevivência, o respeito à vida em comunidade e a necessidade de se construir o paraíso ainda aqui,

Torre das guerreiras e outras memórias

em vida. Devo, sobretudo, o acolhimento que me manteve viva e, na medida do possível, mentalmente sã, as condições materiais para que eu me formasse assistente social e a atuação no Clube de Mães. Como a abertura política já estava em curso, com a retomada de greves e o surgimento de oposições sindicais, minha escolha por trabalhar com comunidades tornou-se mais leve.

No fim do ano de 1976, com um filho de 9 meses, enfim me formei e fui trabalhar como profissional do Serviço Social no Inocoop, dessa vez no conjunto residencial do Butantã. Eu era responsável pelo grupo de mulheres, preparava ruas de recreio com as crianças e tratava dos problemas que a fase pós-mudança apresentava para os moradores do conjunto. Eram apaixonantes as ruas de recreio e os campeonatos de pipa que fazíamos nos fins de semana.

Poderia datar essa fase da minha vida como o momento de síntese entre a prática profissional e a vida acadêmica, pois, em março de 1979, fui dar aulas na Faculdade de Serviço Social da PUC-SP e mantive, por um curto período, a militância político-partidária no então MDB. No mesmo ano, veio a rearticulação partidária proposta pelo general Golbery, possibilitando a legalização de partidos de amplo espectro político e ideológico.

Avaliações

A leitura garantiu a minha sobrevivência psíquica. Ler me levava a outros universos onde podia não haver pobreza. Se havia, ela era cheia de cores e mistérios. A realidade era muito dura quando eu era criança. Eu vinha de família pobre, a adoração que sentia por gente que lia dizia-me que existiam formas mais encantadas e mais coloridas de viver o real.

Ser leitora compulsiva desde os 8 anos foi condição fundamental para sobreviver à prisão na Rua Tutoia, em julho de 1970 — foi ali que encontrei os livros de Eça de Queiroz e Thomas Mann, deixados por alguém que provavelmente intuiu a futura prisão e destruição da esquerda, tanto da revolucionária quanto da reformista —, e no então Presídio Tiradentes, de onde saí em março de 1971.

Ter ficado na Torre das Guerreiras, aliado a um insaciável desejo pelo conhecimento, aproximou-me das intelectuais e professoras universitárias que lá se encontravam. Sempre achei lindo ser intelectual, mas nunca me senti diminuída por ser de família proletária. Assim que pude, em 1976, me inscrevi em um mestrado em Ciência Política na USP, sob orientação da Carmute, minha companheira da Torre e de cela. Mesmo já sendo estrela, ainda guardo grande respeito por sua figura.

Ter sido presa três vezes entre 1970 e 1973 e ter passado o ano de 1974 como exilada na França foram as razões pelas quais só terminei o curso de Serviço Social em 1976, já casada e com um filho de 9 meses.

Como um momento de mediação entre passado e presente, essa fase da minha vida foi de participação nos movimentos sociais organizados que lutavam por bandeiras de todos os tipos: mais e melhores serviços de saúde, contra a carestia no preço dos alimentos, contra a censura, pelo direito de organização e de greve, por moradia, educação

Torre das guerreiras e outras memórias

e, principalmente, por liberdades democráticas. Movimentos esses que foram se expandindo até chegar, em 1983, no movimento das Diretas Já.

No país inteiro, principalmente nas periferias das grandes cidades, proliferavam essas organizações; elas estiveram presentes em minha prática profissional na Companhia de Desenvolvimento Habitacional e Urbano de São Paulo (CDHU), só que, dessa vez, contavam com profissionais de outras áreas e com a presença forte do movimento social não institucionalizado, como era o caso do Movimento dos Sem-Teto da Zona Leste, formado, em sua grande maioria, por mulheres lutadoras e aguerridas, e que tinha o apoio de alguns padres da Igreja Católica, como o padre Ticão, da paróquia de Ermelindo Matarazzo. Uma década depois, esse movimento se tornou o MTST de hoje, cujas características são muito diferentes das do antigo.

Eu costumava me indagar sobre a validade de trabalhar para garantir que os usuários da CDHU se tornassem proprietários. Além de simbolizar a posse de um cantinho próprio, qual era o sentido ou o significado que a propriedade da casa poderia adquirir para essa população, visto que ela, ao invés de descansar e recompor as forças durante o tempo livre, dispunha-se a trabalhar nos mutirões?

Talvez esses questionamentos e um pequeno desprezo pela ideia de me tornar uma proprietária pequeno-burguesa e capitalista expliquem, em parte, por que até hoje não tenho casa própria. Enfrentar a ditadura militar e a repressão da Oban é uma coisa; enfrentar 30 anos de financiamento bancário para ser proprietária de uma casa é outra. Sempre desconfiei de bancos.

É evidente que a percepção a respeito do significado de certas escolhas torna-se clara quando se avalia e se escreve sobre a própria vida. A vida que vivi e as escolhas

Avaliações

que fiz não foram, em nenhum momento, aleatórias. Ao contrário: estão imbricadas em minha história de vida e na História deste país.

Hoje, quando reflito sobre minha experiência na Torre das Guerreiras, eu me pergunto: nos contos de fada, nas histórias de terror ou no caso das guerreiras, por que será que, sempre que querem prender mulheres, elas ficam aprisionadas numa torre? Aos homens, o calabouço, o esgoto, as câmaras escuras. Às mulheres, as torres. Durante seu julgamento, Joana D'Arc ficou presa na Torre de Rouen; Ana Bolena ficou presa na Torre de Londres; Rapunzel foi condenada por uma bruxa a viver numa torre. Prender mulheres em torres parece ser uma tradição.

Elaboro várias hipóteses. Uma delas é que, no imaginário das sociedades patriarcais, as mulheres que devem ser punidas precisam ficar naquele plano superior e solar aonde somente seres que existem no plano das idealizações conseguem chegar. Dragões e cavalos alados, por exemplo, voam. Entretanto, as bruxas também.

Por isso, a minha grande surpresa ao ver demolida a Torre e tudo que ficava no seu entorno. O meu medo de sair para enfrentar o mundo lá fora estava explicado. Não teria mais as paredes da Torre para me proteger. Agora era cortar as tranças e permanecer viva. Como parte de mim, trago a Torre e tudo com que ela me presenteou. Nela, adquiri meu instinto de sobrevivência, que ainda hoje me reveste como uma segunda pele.

O fio condutor destas memórias é a vida de quem sobreviveu e de quem precisou aprender a mentir para defender a sua vida e a de seus companheiros, mesmo porque, em algumas situações, as pequenas verdades podem ser perigosas.

Pergunto-me: por que sobrevivi? Porque tinha histórias verdadeiras para contar perante a repressão, porque eu não tinha tanta importância dentro da estrutura da ALN. Agora sei, com certeza, que a existência de muitas pessoas e do projeto de sociedade dos jovens idealistas e revolucionários da década de 1960 dependia da existência de gente como eu, gente sem importância, gente que era apenas apoio logístico, gente que, na Oban da Rua Tutoia, no momento da prisão, pouco, muito pouco podia fazer para ajudar seus companheiros, apenas alguns silêncios.

Ter revelado estas memórias ainda me causa desconforto. São inúmeros fantasmas a me sussurrar: "Tenha cuidado!" É como se voltasse àquele ano do exílio em Paris, 1974, e depois ao meu primeiro ano no Brasil, logo quando retornei, no começo da ditadura Geisel e sua abertura, quando ficava muda sempre que se falava de política. Durante 2 anos, tive medo, o que não é nenhuma vergonha. Falar para quê, para quem? Meus interlocutores estavam mortos, desaparecidos ou no exílio.

Mas, já que vivi e vivo intensamente uma época em que as mulheres não precisam mais se vestir de homens ou se comportar como tais para literalmente ir à luta, como foi o caso de Joana D'Arc, Diadorim, George Sand e muitas outras, fui à luta. Relato estas memórias como a guerreira que fui na Torre — mulher, professora, mãe e avó — para que meus filhos, meus netos, meus amigos, meus alunos e todos que as lerem digam: a luta e a esperança, sempre! Viver é muito perigoso, mas é muito bom!

Reencontro

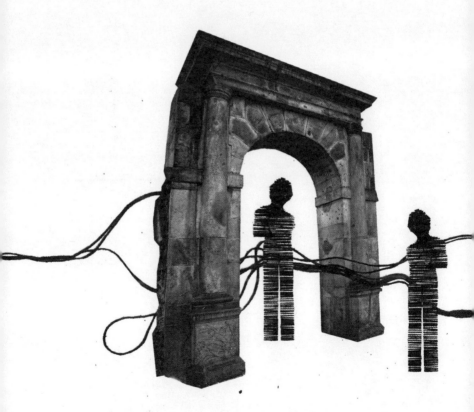

166

Há poucos anos, reencontrei Ana Gomes, cujo apelido dado por Dilma era Baixa. Já a conhecia desde Paris, naquelas conversas entre exilados. Branca, um sorriso maior do que ela, olhos castanhos, brilhantes, meio puxados, operária da Osram. Participou da greve de 1968 de Osasco. Esposa do Roque, liderança do movimento. Militante da Vanguarda Armada Revolucionária Palmares (VAR-Palmares) e hoje professora de Sociologia na Universidade Federal do Mato Grosso do Sul (UFMS). Tinha sido presa no mesmo dia em que a Dilma. Reencontrei-a no casamento da Raquel, filha da Idinaura. Choramos e nos abraçamos. Ela e a Dilma ficaram juntas também na Torre, antes de eu aparecer por lá.

Três dias depois de sair do presídio, ainda em liberdade condicional, foi apanhada pela Oban. Chegando lá, a única coisa que o capitão Homero queria era que ela desse o endereço de um certo apartamento, que ela não havia sequer pensado em abrir na primeira vez em que foi presa. Outro companheiro, direção da VAR, recém-preso, estava lá na tortura e declarou que não sabia, mas que a Ana Baixa, sim.

Colocados frente a frente, ela negava saber, o outro companheiro também. O capitão saiu da sala, dizendo: "Eu sei que um de vocês dois sabe. Então vou sair da sala e vocês decidam quem vai me passar a informação." O "superquadro", menino, intelectual de classe média, vira para a mulher operária e diz: "Eu conto, mas não sei o endereço e sei que você sabe. Por favor, me diga o endereço, porque eu não aguento mais."

Ela deu o endereço, e ele passou a informação para os militares. Até hoje carrega esse fantasma. Foi a única coisa que falou. Sabia que o apartamento estava vazio. Mas e se não estivesse? Os companheiros podiam ainda estar

Torre das guerreiras e outras memórias

lá. O risco era grande. Por outro lado, o que fazer com o companheiro que não aguentava mais? O dilema foi difícil. Eu sou a única para quem ela contou essa história, mas fui autorizada a registrá-la. Ana saiu da Oban três dias depois, pois estava com audiência marcada na Auditoria Militar.

De lá, foi para o exílio, primeiro na Suécia, depois em Paris, onde ficou até a anistia. Conto esta história para registrar que as consequências daquilo que fazemos em situações-limite independem do grau de conhecimento teórico e político que temos ou da classe social a que pertencemos. Ana Baixa escolheu manter seu companheiro de luta vivo. Há, em cada ser humano do bem, algo de fortaleza que fica latente e só vem à tona nas situações em que somos obrigados a fazer escolhas muito além da ética do compromisso e da responsabilidade. Mesmo assim, esta foi mais uma dor que se manteve congelada.

Dores congeladas

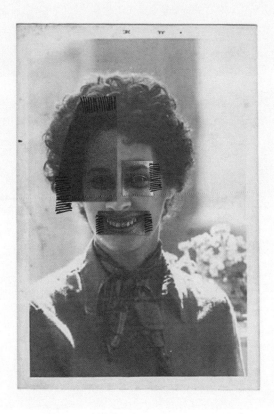

Durante vários anos após a primeira prisão, eu acordava aos gritos à noite e minhas mãos tremiam involuntariamente em consequência dos choques elétricos que tinha recebido. Foi preciso anos de tratamento psicológico com o dr. Ladislau Ruy Unger Glauzius, para que pudesse dormir um sono mais tranquilo. Devo a ele o início da recuperação da fala.

Falar sobre a tortura e testemunhar perante uma plateia tudo que se passou foi algo que só consegui 40 anos depois.

Lembro-me dos seguintes nomes de torturadores: capitão Albernaz (Benone de Arruda Albernaz), capitão Dalmo (Dalmo Luís Cirilo), capitão Homero (Homero César Machado), capitão Gaeta (Maurício Lourival Gaeta) e capitão Maurício. Este sempre contava que Carlos Lamarca, o capitão do Exército e um dos fundadores da VPR, só tinha ganhado o campeonato latino-americano de tiro ao alvo porque ele não tinha participado. Supõe-se que devia estar torturando alguém. Como se os nossos heróis precisassem desse tipo de autoafirmação. Alguns deles morreram, outros se suicidaram e outros ainda estão vivos, como o capitão Maurício. Olhando para ele, ninguém diz que aquele simpático velhinho e avô foi um torturador, mas ele é a própria banalidade do mal. Até hoje, quando este livro é publicado pela primeira vez, no ano da graça de 2021, nenhum deles foi preso ou julgado pelos crimes de lesa-humanidade que cometeram.

Em 2015, eu estava indo de ônibus de Santos a Praia Grande. Paramos em São Vicente. O motorista saiu de seu lugar, foi até a porta de saída do ônibus, aquela do meio, acionou uma chave, uma rampa desceu e um cadeirante e sua cadeira entraram, apertaram o cinto de segurança e se ajeitaram no lugar. O mesmo procedimento para fechar a

Torre das guerreiras e outras memórias

porta, e depois tudo foi repetido para o cadeirante descer do ônibus. Pensei: quanto de pequenas ações, dores, tristezas e alegrias das pessoas que foram e são da esquerda anônima foi necessário para que fosse possível que aquele homem andasse de ônibus, e ele nem me agradeceu?

As minúsculas vitórias, os gestos singelos, os procedimentos que tornam a vida cotidiana mais leve, diminuindo um pouco o peso que é viver o dia a dia do povo, as pequenas ações que aliviam o fardo da vida para milhões de pessoas pobres e de baixa renda, moradores das periferias das nossas cidades — o preço para isso acontecer custou caro.

A luta pelo socialismo anti-imperialista e pela revolução — transformada, ao fim, numa luta por liberdades democráticas, direitos humanos e contra a ditadura — não foi possível como guerra civil, o que deveria ter acontecido em 1964, se as forças armadas tivessem rachado, se houvesse um partido revolucionário que conseguisse sublevar as massas, se vários outros *ses* tivessem acontecido. Mas, como na História não existem *ses*, a única certeza que resta é que, de certa forma, foi a luta, armada inclusive, e a coragem de centenas de operários, camponeses, militares, estudantes e jovens — equivocados, mas corajosos e revolucionários — que criaram as condições e o clima para o fim da ditadura civil-militar e a denúncia de seu caráter de classe.

Fim, só que não

Ao fim de 1983, já separada havia um ano do pai dos meus dois filhos, assistente social concursada da Secretaria de Higiene e Saúde da Prefeitura de São Paulo, trabalhando em postos de saúde da periferia da cidade e professora no curso de Serviço Social da PUC-SP, deixei minha sorridente filha Júlia, de apenas um ano e oito meses, em casa com uma babá e fui com meu filho Ivan, de 7 anos, a uma manifestação. Vestidos de amarelo, a cor das Diretas Já, meu filho e eu descemos de mãos dadas a Rua Xavier de Toledo, no centro de São Paulo, indo na direção do Viaduto do Chá, para assistir ao comício no Vale do Anhangabaú.

Chegamos ao Viaduto do Chá, debruçamos na amurada, olhamos para baixo: uma multidão, 1 milhão de pessoas, segundo a Polícia Militar. O palanque estava montado. Nele estavam Ulysses Guimarães, Franco Montoro, Tancredo Neves, Lula, Fernando Henrique Cardoso, representantes de todos os movimentos sociais do país, como Luís Carlos Prestes, Leonel Brizola, Almino Afonso e muitos militantes vindos do exílio havia bem pouco tempo.

Perguntei ao meu filho: "Junto de quem você quer ficar?" Ele respondeu: "Quem está no comício, mãe?"

"Tem PCB, PMDB, PTB, PT, Movimento pela Anistia, PCdoB e um número tão grande de grupos e movimentos sociais organizados que é impossível fazer a lista!"

Ele me perguntou, então: "Tem torcida do Corinthians?"

Tinha! E de todos os times de São Paulo! Foi nesse lugar que ficamos!

176

Eu, aqui e agora

178

Sempre que posso viajar, visito museus e instituições que, no passado, cumpriram a mesma função do Presídio Tiradentes e hoje são prédios que guardam memórias. Como minha filha pede para estar comigo nessas visitas, aceito sua companhia, mesmo me causando um certo incômodo mostrar-lhe locais tão marcados pela presença do que a espécie humana tem de melhor e de pior. Já conheci a Escola Mecânica da Armada (ESMA), nos arredores de Buenos Aires; o Museu da Memória, em Santiago; o Presídio de Punta Carretas, em Montevidéu — dele sobrou só o portal; o resto, infelizmente, virou um grande *shopping center*; a Casa do Terror, em Budapeste; e o Museu do Aljube, em Lisboa. Sinto que tais estabelecimentos guardam em si um pedaço de mim, o que tenho de melhor enquanto espécie humana. Me invadem com um sentimento oceânico. Sou apenas uma gota d'água nesse oceano, aquela que ajuda a germinar a vida.

Serra da Cantareira, setembro de 2019

Posfácio

Quando recebi o convite para escrever o posfácio do livro de Ana Maria Ramos Estevão, curiosa, logo comecei a lê-lo e não conseguia mais parar. Fui tomada por uma grande emoção, dor no coração, lágrimas a me confundir. "É a Ana ou sou eu?" E ela me respondeu: "Somos nós."

Torre das Guerreiras e outras memórias é um título instigante para um livro como este, doce e amargo, escrito com indignação e ternura. Nascida numa família proletária, Ana Maria era filha de pai marceneiro e mãe dona de casa. Passou a infância no interior de Alagoas e, depois, na periferia de São Paulo, cidade onde iniciou sua trajetória metodista — e marxista. Entrou, então, na militância estudantil da Ação Libertadora Nacional (ALN), organização política dirigida por Carlos Marighella, um dos maiores líderes da esquerda brasileira. Foi presa pela repressão da ditadura civil-militar, sofreu torturas e foi exilada em Paris.

Singelamente, a autora dedica o relato a sua neta Isabel por acreditar que as gerações futuras têm o direito de conhecer "as coisas boas e as más" desse período da nossa História, assim como nós, que passamos por ele, temos o dever de registrá-lo e contá-lo para que não seja propriedade dos opressores. Ana afirma que tem orgulho de ter sido militante de esquerda durante a ditadura. Eu também, pois acredito que política sem paixão, sem emoção e, principalmente, sem o desejo real de mudar o mundo não justifica tantos riscos, inclusive o de perder a própria vida.

Se hoje conhecemos os métodos adotados pelos torturadores — choques elétricos, pau de arara, cadeira do dragão, assassinatos, ocultação de cadáveres, em suma,

Torre das guerreiras e outras memórias

crimes de lesa-humanidade —, é porque muitos sobreviventes ousaram contar suas histórias, que não são apenas pessoais. São coletivas. São vivências de pessoas que, como Ana, foram submetidas às mais cruéis torturas, enfrentando o risco de morrer pelo sonho de viver numa sociedade justa de mulheres e homens livres. Por outro lado, os relatos nos fazem refletir sobre como seres humanos podem se transformar em monstros, perdendo sua humanidade ao torturar e assassinar seus semelhantes.

Sobre os companheiros que deram informações para a repressão, chamados de delatores por aqueles que não chegaram à situação-limite da tortura, Ana lucidamente afirma:

> *A responsabilidade pelas consequências da tortura, sejam quais forem, é do torturador. Esperar que os companheiros tenham sempre postura heroica ou achar que eles não têm o direito de querer ficar vivos ou, no mínimo, desejar que a dor estanque é cruel e perverso [...]*

Ana, você foi presa pela primeira vez em 11 de julho de 1970, em São Paulo. Eu fui presa pela primeira vez no dia 3 de dezembro de 1971, no Rio de Janeiro. Fiquei detida no DOI-Codi da Rua Barão de Mesquita e passei pelos mesmos métodos de interrogatório que você. Lá havia seis *geladeiras*, celas onde ficávamos emparedadas. Eram estreitas e só podíamos ficar abaixadas, jamais nos deitar. Ouvíamos gritos estridentes ou grossos. A cela-geladeira era escura e gelada. Íamos perdendo a noção de tempo e espaço. Colocavam baratas nela. Não sei quanto tempo ali fiquei. Quando

Posfácio ▮

saí, não conseguia caminhar. Caí no chão. Um homem de jaleco aproximou-se de mim e auscultou-me. Fiquei sensibilizada. Era um médico, o conhecido dr. Lobo. Quando o vi, senti um alívio. Pensei: "Um médico como meu pai." Segurei sua mão e disse: "Estou muito mal, me socorra!" Depois de me examinar, levantou-se, virou-se para os torturadores e disse: "Ela está bem, pressão boa, podem continuar, é só manha." Tive muita raiva, de mim e do médico. Comecei a cuspir nele e, como eu estava no chão, cuspia em mim mesma. Essas pessoas — em sua maioria, oficiais do Exército, da Marinha ou da Aeronáutica, e até doutores, como Lobo — torturavam por prazer e por ideologia, riam cinicamente enquanto jovens idealistas sofriam e gritavam. Nas palavras de Ana, eram fascistas treinados para a crueldade.

Fiquei presa durante um ano. Grande parte dele passei nos quartéis da Vila Militar; depois fui transferida para o presídio Talavera Bruce, em Bangu. Minhas companheiras de cárcere vivem no meu coração. Irmãs para sempre. Lembrei-me muito do meu cotidiano na cadeia quando você, Ana, descreve, com sensibilidade e acuidade invejáveis, o seu dia a dia na Torre das Guerreiras.

Minha segunda prisão foi como a sua, mais curta que a primeira, porém, não menos traumática. Foi em abril de 1974. Fernando Santa Cruz, meu muito querido irmão, tinha sido preso em fevereiro e estava desaparecido. Como continua até hoje. Uma dor que não cessa e uma ferida que não cicatriza. Minha casa estava cheia de policiais armados. Meu filho André, de apenas 5 meses, estava no berço, sorrindo. A moça que cuidava dele estava rendida no chão. Quando eu e meu companheiro entramos em nossa casa, gritei que poupassem meu bebê. Um deles pegou o André nos braços e aproximou-se da janela, gritando que

183

ia jogá-lo, pois comunista não gosta de filho. Enlouqueci, gritei, gritei, gritei até não conseguir parar. André, que até então estava calmo, sem entender o que estava acontecendo, começou a chorar, querendo o meu colo. Aos gritos, fomos arrancados do apartamento e levados para a Oban. Só soube do André três dias depois. Lembrei-me desse fato quando você conta das companheiras na cadeia com seus filhos. Para elas, a decisão de ter filhos em tempos tão duros era algo que escapava à racionalidade. Uma delas disse: "Sempre quis ter filhos e os tive. Simples assim."

Lendo seu relato, revivemos sentimentos, emoções e lembranças que pareciam superados ou esquecidos por conta do tempo. Sem vitimização, são dores e perdas injustas que nos acompanham para o resto das nossas vidas. O assassinato e o desaparecimento do meu irmão levaram toda a minha família — como minha mãe, Elzita Santa Cruz, e meus irmãos — a nunca abandonar a luta pelo conhecimento das circunstâncias do assassinato e do desaparecimento de Fernando, pela punição dos torturadores e, principalmente, para que esse tipo de crime não continue acontecendo. É um grito engasgado que vem de dentro da alma e das entranhas que, por quase 50 anos, não pudemos e nem conseguimos calar.

Tive muitas outras perdas. Não sei quais as piores: as de gente querida ou as de sonhos, ilusões perdidas. As perdas de gente querida são eternas, ficando só as recordações dos tempos felizes. Sonhos e projetos coletivos, por sua vez, renovam-se, reconstroem-se.

Rosalina Santa Cruz[1]

---

[1] Assistente social, professora da PUC-SP, militante feminista e ativista dos Direitos Humanos.

Apêndice

Algumas pessoas foram citadas pelos nomes de guerra ou apelidos para evitar lhes causar qualquer tipo de sofrimento ou estranhamento; por vezes, também não consegui conversar com elas sobre este relato ou encontrar seus nomes em depoimentos para livros, comissões da memória, plataformas ou comissões da verdade.

Como memórias são únicas para cada pessoa, estas são as minhas, pessoais e intransferíveis, mas verdadeiras.

Seguem as fontes, caso o leitor queira localizar os depoimentos tornados públicos que auxiliaram a composição deste livro.

Ana Maria Ramos Estevão, Idinaura Aparecida Marques, Heleny Telles Ferreira Guariba e Eliana Rolemberg. CNV, volume II, texto 4, p. 182-183. Testemunho CNV: *http://cnv.memoriasreveladas.gov.br/images/pdf/depoimentos/vitimas_civis/Ana_Maria_Ramos_Estevao.pdf*

http://bnmdigital.mpf.mp.br/sumarios/400/392.html

Eva Tereza Skasoufka Bergel. CNV, volume I, capítulo 4, p. 133. Testemunho CNV: *http://cnv.memoriasreveladas.gov.br/images/pdf/depoimentos/vitimas_civis/Eva_Teresa_Skazufka_14.07.2014_-ct.pdf*

Capitão Gaeta/Capitão Maurício (Maurício Lourival Gaeta). CNV volume I, capítulo 16, p. 911.

Capitão Albernaz (Benoni de Arruda Albernaz. CNV, volume I, capítulo 16, p. 884

Denise Crispim. CNV, volume I, capítulo 11, p. 428. Testemunho CNV: *http://cnv.memoriasreveladas.gov.br/images/pdf/depoimentos/vitimas_civis/Denise_Peres_Crispim_06-03-2014_-_rp.pdf*

Therezinha Zerbini. CNV, volume I, capítulo 1, p. 24. Testemunho CNV: *http://cnv.memoriasreveladas.gov.br/images/pdf/depoimentos/vitimas_civis/Therezinha_de_Godoy_Zerbini_02.10.2014.pdf*

Torre das guerreiras e outras memórias

Hiroaki Torigoe. CNV, volume I, capítulo 4, p. 152.

Ana Bursztyn Miranda. CNV, volume I, capítulo 4, p. 131.

Maria Aparecida Costa. CNV, volume I, capítulo 10, p. 414.

Guiomar Silva Lopes. CNV, volume 3, p. 416.

Dilma Rousseff. CNV, volume 1, capítulo 4, p. 129.

Jaime Wright. CNV, volume 2, texto 4, p. 199

Roberto Romano. CNV, volume 2, texto 4, p. 169.

Encarnación Lopez Perez. CNV, volume 3, p. 426.

Homero César Machado. CNV, volume 3, p. 347.

Elza Lobo. Testemunho CNV: *http://cnv.memoriasreveladas.gov.br/ images/pdf/depoimentos/vitimas_civis/Elza_Ferreira_Lobo.pdf* (CNV, volume 2, texto 3, p. 151), in 75. Manoel da Conceição contou, em depoimento (Arquivo CNV, 00092.002450/2013-88), que teve contato com a AP quando militantes do Rio Grande do Sul e de São Paulo foram procurar os lavradores em Pindaré-Mirim. Entre os militantes e lideranças de Pindaré-Mirim, citou: Antônio Lisboa Brito, Raimundo Orlando, Raimundo, Eurides, José Alavanca, Lurdes, Joaquim Martins Neto, Ostásio, Manoel Antônio, Manoel Arruda, Antônio Santos, Raimundo Pega Voando, Bernardo Pega Voando, João Batista, Luzia e seu pai Manoel Dourado, Campos, Socorro, Rui Frazão Soares, Elza Lobo, Duarte Pereira Pacheco, Osvaldo Rocha, Otto Siqueira, entre vários outros. In: SANTOS, Manoel da Conceição. "Reforma Agrária: utopia revisitada". In: STARLING, Heloisa Maria Murgel; RODRIGUES, Henrique Estrada; TELLES, Marcela. *Utopias agrárias*. Belo Horizonte: UFMG, 2008, p. 348.

Luiza Beloque (BELOQUE, Maria Luiza Locatelli Garcia). Entrevista sobre militância, resistência e repressão durante a ditadura civil-militar. Memorial da Resistência de São Paulo, entrevista concedida a Kátia Felipini, Maurice Politi e Rodrigo Pezzonia em 31/10/2012. *https://dev.museu. io/projetos/mrsp/entrevistas/maria-luiza-locatelli-garcia-beloque/*

Leslie Denise Beloque (BELOQUE, Leslie Denise). Entrevista sobre militância, resistência e repressão durante a ditadura civil-militar. Memorial da Resistência de São Paulo, entrevista concedida a Luiza Giandalia e Julia Gumieri em 29/09/2017. *http://memorialdaresistenciasp.org.*

Apêndice ∎

br/entrevistas/leslie-denise-beloque/ Testemunho CNV: *http://cnv. memoriasreveladas.gov.br/images/pdf/depoimentos/vitimas_civis/Leslie_Denise_Beloque.pdf*

Maria Aparecida dos Santos (SANTOS, Maria Aparecida dos). Entrevista sobre militância, resistência e repressão durante a ditadura civil-militar. Memorial da Resistência de São Paulo, entrevista concedida a Karina Alves e Marcela Boni em 11/10/2013). *https://dev.museu.io/projetos/mrsp/ entrevistas/maria-aparecida-dos-santos-2/*

Rubens Hirsel Bergel (SKAZUFKA, Eva Teresa). Entrevista sobre militância, resistência e repressão durante a ditadura civil-militar. Memorial da Resistência de São Paulo, entrevista concedida a Luiza Giandalia e Desirée Azevedo em 20/05/2016). *http://memorialdaresistenciasp.org. br/entrevistas/eva-teresa-skazufka/*

Rafael de Falco Netto (maio de 1968, ainda presente). *https://www.saopaulo.sp.gov.br/ultimas-noticias/maio-de-1968-ainda-presente/*

Ana Maria Gomes. Depoimentos de mulheres vítimas da ditadura —Parte 2; Autoria: Comissão Estadual da Verdade (SP), 14.06.2013. *https://www.ufrgs.br/aparecidas/relatos-e-testemunhos/2/* Testumunho CNV: *http://cnv.memoriasreveladas.gov.br/images/pdf/depoimentos/ vitimas_civis/Ana_Maria_Gomes_-_07.04.2014_-_ct_rp.pdf*

Idoina de Souza Rangel (Dilma no pau-de-arara mineiro). 17/06/2012 *https://www.correiodopovo.com.br/blogs/juremirmachado/ dilma-no-pau-de-arara-mineiro-1.450*

Maria Barreto Leite. TOMADA DE TESTEMUNHO de Luiz Alberto Ravaglio, p. 7. *http://cnv.memoriasreveladas.gov.br/images/pdf/depoimentos/vitimas_civis/Luiz_Alberto_Ravaglio_RDK_03.10.2013.pdf*

Jovelina Tonello. Entrevista com Ernesto Carlos Dias do Nascimento. *https://dev.museu.io/projetos/mrsp/entrevistas/ernesto-carlos-dias-do- -nascimento/* Testemunho CNV: *http://cnv.memoriasreveladas.gov.br/ images/pdf/depoimentos/vitimas_civis/Ernesto_Carlos_Dias_do_Nascimento_e_Manoel_Dias_do__Nascimento_-_02_04_2014_-_ct_rp.pdf* Pequeno subversivo: *http://www.ihu.unisinos.br/172-noticias/noticias- -2012/515635-pequeno-subversivo* Los ninos nascen para ser felices, por Ernesto Carlos Dias do Nascimento: *https://www.al.sp.gov.br/repositorio/bibliotecaDigital/20800_arquivo.pdf*

Torre das guerreiras e outras memórias

Percival Maricato. *Revista Jurídica do Ministério Público do Estado do Paraná*, ano 3 - nº 4, agosto / 2016. Curitiba, Paraná. p.21. *https://criminal.mppr.mp.br/arquivos/File/04_crimesdetortura.pdf*

Arlete Bendazoli. IPM — Crusp — Relatório — 1968-1969. Capítulo VIII. *http://www.ebooksbrasil.org/eLibris/ipmcrusp.html*

Maria do Socorro de Carvalho. Tullo Vigevani: Em busca de autonomia. Edição 270. ago 2018. *https://revistapesquisa.fapesp.br/tullo-vigevani-em-busca-de-autonomia/*

Maria do Carmo Campello de Souza. Nota de Repúdio à censura promovida pela Rádio Universitária da UFRGS. 8 de setembro de 2016. *https://cpers.com.br/nota-de-repudio-a-censura-promovida-pela-radio-universitaria-da-ufrgs/*

Maurício Lopes Lima (capitão Maurício). *https://www.diarioliberdade.org/brasil/repressom-e-direitos-humanos/27174-levante-esculacha-torturador-da-presidenta-dilma-rousseff.html*

Wilson da Conceição Pinto (Justo). *https://www.folhadelondrina.com.br/blogs/paulo-briguet/o-esquerdista-arrependido-987126.html*

http://bnmdigital.mpf.mp.br/sumarios/400/392.html

190

Segunda impressão da primeira edição: março de 2022

Editor responsável	Fernanda Zacharewicz
Preparação de texto	Omar Souza
Revisão	André Rodrigues
Capa	Mariana Monteiro Scabello
Diagramação	Lígia Ferreira
Impressão	Ogra Oficina gráfica
Capa	*papel* Supremo 250g
	fonte Constantia Italico Bold
Miolo	*papel* Boivory Slim Speed 75g
	fonte Constantia corpo 11
Acabamento	Laminação fosca
Ilustrações	Lígia Ferreira - p.: 19, 23, 33, 53, 59, 67, 69, 99, 105, 131
	Mariana Monteiro Scabello - p.: 29, 95, 119, 127, 145, 159, 165, 169, 173, 177
Crédito imagens	
Capa	Folhapress
Miolo	p. 60 e 137 - Arquivo Nacional Memórias Reveladas - Ministério da Justiça e Segurança Pública
	p. 61 - Acervo Fotográfico do Museu da Cidade de São Paulo
	p. 63 - Arquivo Museu Penitenciário Paulista
	p. 72 e 78 - Arquivo pessoal
	p. 89 - Arquivo Nacional, Correio da Manhã.